9788867495269
AF379925

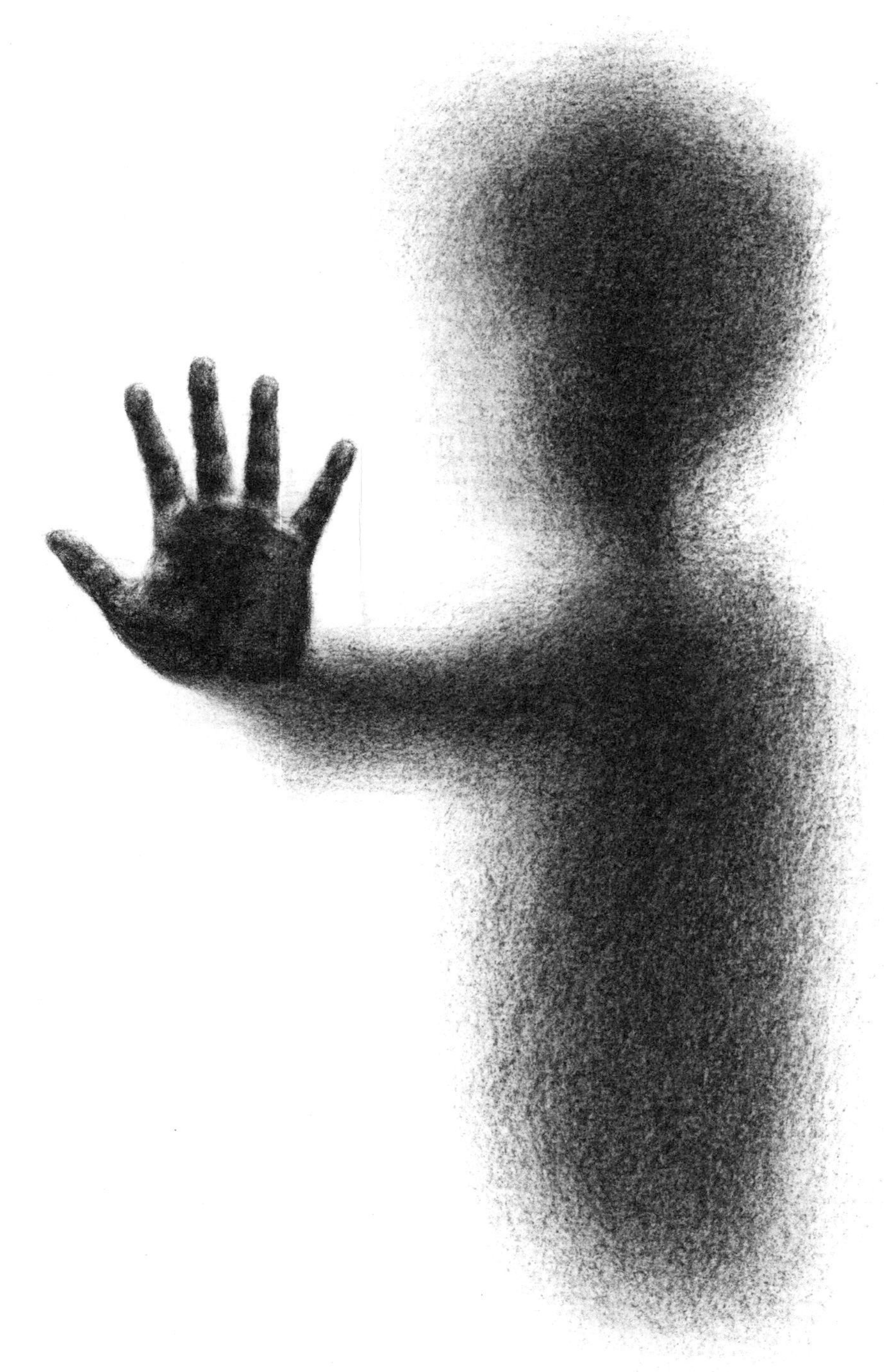

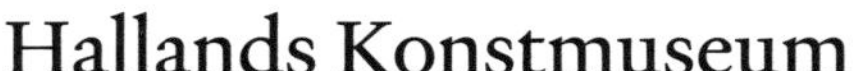

Hallands Konstmuseum

Mousse Publishing

Tarik Kiswanson

Nest

Table of Contents
Innehållsförteckning

Preface

Magnus Jensner
Director, Hallands Konstmuseum

Tarik Kiswanson was born and raised in Halmstad, Sweden. His parents came to
the city in the end of the 1970s from Palestine and Jordan. In growing up between
different cultures, there emerges in the young Kiswanson certain reflections and
thoughts, as well as a curiosity that, further ahead, will lead to an interest in the arts.
The point of departure of his work stems from his own double heritage: to grow
up in a city in western Sweden and at the same time being part of another culture,
which can be traced back to his parents and their families. Early on, he begins
to create his own stories in drawings and other artistic pursuits. Later, when given
the opportunity, he leaves Halmstad for London and starts studying at Central
Saint Martins, University of the Arts and later École des Beaux-Arts in Paris.

The title of the exhibition at Hallands Konstmuseum is *Nest*, which is also the
title of the large, cocoon-like sculptures shown in the main room of the exhibition.
Synonyms for "nest" could be "sanctuary," "refuge," "hideaway," "den," or "burrow,"
a place in which to safely recover. It is an archetype that can be compared to a small
shelter, but it could also be a chrysalis, an image of metamorphosis. Not only a place
to seek refuge, but also a place for radical change. This theme recurs in the images
and the floorplan of the exhibition. Kiswanson has altered the architecture of the
exhibition rooms, and the walls have a new white color, the exact same color as his *Nest*
sculptures. The third room, where a film projection is, has a deviating dark color.
The exhibition space also has a new, colder light. Overall, the space has a new shell;
it has become a wholly distinct place.

A central theme in his work can be traced in the film *The Fall* (2020) that is
shown in the exhibition. In it, we see a boy falling or floating in midair, it might be
difficult to determine which. Shot with a high-performance camera capturing 2,500
images per second, a very brief moment has been stretched out in time. It is as if
time has frozen as we observe the young boy captured in a floating state. The position
in which he finds himself can be interpreted as a metaphor for Kiswanson's entire
body of work: to fall headlong through time, but also to float between different states,
different cultures, and different contexts.

On the wall behind the projection hangs the work *Homebound* (2020). It is a col-
lage made of engravings depicting an image of a shipwreck adrift with cracked masts.

The artist has turned the image vertically, most likely in order to focus on the shape floating between the sky and the ocean. In the middle, in a circle inscribed within the oval shape of the ship, we see a small image of a map with Halmstad at its center. This is the geographical starting point from which the artist has taken his leap into the world. In the works *Nest* (2020) he utilizes the same elemental shape of the wrecked ship to depict something resembling an egg, a primordial form or possibly a vessel floating between different states, between earth and sky, between life and death. The connection between these similar shapes reminds us of the fragility of life and of man's ability to be able to continue life elsewhere, on another shore somewhere in the world. There is an openness or ambivalence in Kiswanson's work, where the same shape can accommodate a multitude of interpretations. No shape has a definitive meaning, the possibility of using it in a different context is kept open for new constellations.

The charcoal drawing titled *Open Window* (2022), also shows or suggests the same shape as *Nest*. While in another drawing titled *The Window* (2020) a young man or boy is depicted, as if feeling his way toward the surface of the paper. His stance seems to suggest a question about borders. Or, that he is groping, as if looking for a path to something else.

To conclude my description of the exhibition, I would like to mention the large images, titled *Passings Mother* (2022), shown in the main room. These are images construed and composed by the artist from X-ray photographs of garments placed in layers on top of each other. The different garments include traditional dresses from his family passed through generations, antique clothing taken from Hallands Konstmuseums's textile collection, and clothes he himself uses today. When Kiswanson places the garments from different eras on top of each other, X-raying them, they merge into one body, creating an image of complex memories from different times and cultures. The ornamental stitches and metal fittings from the sixteenth, eighteenth and nineteenth century "melt" together with the zippers and logos from contemporary clothing. The separate parts from different eras manage to generate something beyond what each part may succeed in conveying on its own. In this way, we get an image of time itself—a reflection on origin, migration, belonging, similarities and differences—a summary of the central themes in Kiswanson's work.

In his biography of Michelangelo, US art historian William E. Wallace recounts that, when the artist was eighty-five, he wrote a letter to his nephew, expressing a strong urge to return to his hometown of Florence. The artist wrote that he would like to have a small house there. Wallace cites him in a translation from the letter: "I would like to know that I have a nest just for myself and my brood (in Florence)." Wallace continues in his comment: "The phrases used, *un nido* and *mia brigata*, suggest a profound desire to be reunited with his home and family—to return, as he admitted, to a 'nest' and his second childhood (*rinbambito*)." Michelangelo spent the last twenty-five years of his life in exile in Rome, and he never saw his hometown again. He longs for the Florence of his childhood, for a small nest (*un nido*) in his hometown. His exile fostered this longing. These motives and thoughts coincide with Kiswanson's own reflections, 560 years later. *Nest* becomes in this context a metaphor for longing, for a home, and a place to return to.

Hallands Konstmuseum is very proud to be able to present this exhibition with works by Tarik Kiswanson, and I would like to thank the entire staff at the museum, including head technician Ulf Karlsson for managing all the installations and technical solutions. I would especially like to thank the curator Annelie Tuveros, who is responsible for the exhibition project. I also would also like to thank Anna Ezequel for all her assistance in the collaboration with Tarik.

A special thanks to Mousse Publishing in Milan, Micola Clara Brambilla and Massimiliano Pace for a rewarding collaboration in the design and production of this exhibition catalogue. I also would like to express a special thank you to the Swedish Arts Council and to the Region of Halland (Region Halland).

The conception of the exhibition has taken place in a rewarding collaboration with Kiswanson. We would especially like to thank him for the production of new works for the exhibition, exploring the museum in a most creative way and utilizing objects from the collection, thereby tying together his art with the local cultural heritage in Halmstad, in an ongoing reflection on the themes central to his art. Together with all personnel at Hallands Konstmuseum I would like to convey a deeply felt thank you to Tarik Kiswanson, who has purposefully worked with great energy and enthusiasm over several years to create an exhibition that we hope will provide a large audience with the opportunity to experience his rich and inspiring art.

Förord

Magnus Jensner
Museichef, Hallands Konstmuseum

Tarik Kiswanson är född och uppvuxen i Halmstad. Hans föräldrar kom till staden i slutet
av 1970-talet från Palestina och Jordanien. I uppväxten mellan skilda kulturer uppstår
hos den unge Kiswanson tankar och reflektioner och en nyfikenhet, som längre fram
leder till ett konstintresse. Utgångspunkten och kärnan i konstnärskapet är tankar kring
det dubbla ursprunget: att växa upp i en stad i västra Sverige och samtidigt känna och
veta att han bär med sig en annan kultur som kan spåras tillbaka i föräldrarnas familjer.
Han börjar tidigt skapa sina egna berättelser i teckningar och första konstnärliga
strävanden. När han sedan får möjlighet lämnar han Halmstad för att utbilda sig vid
Central Saint Martins, University of the Arts i London och École des Beaux Arts i Paris.
 Titeln på utställningen i Hallands Konstmuseum är *Nest*, vilket också är titeln
på de stora, kokongliknande skulpturer som visas i utställningens största rum. *Nest* kan
på svenska betyda rede, bo, näste, tillhåll eller håla, kanske en plats dit man tryggt vill
återvända. Det är en urform som kan liknas vid ett litet bo, men det kan också vara
en puppa, bilden av en metamorfos. En plats där man söker skydd, men också en plats
för genomgripande förändring. Det är också en övergripande idé i hans konst, som
återkommer i bilder och som konceptgestaltning i utställningen. Kiswanson har konstru-
erat ett nytt rum, utställningsväggarna har fått en ny vit färg, exakt samma vita färg
som *Nest*-skulpturerna. Det tredje rummet, där filmen visas, har en avvikande mörk färg.
Utställningsrummet har även fått ett nytt, kallare ljus. Sammantaget har lokalen fått
ett nytt skal, det har blivit en tydligt avgränsad plats för Tarik Kiswansons utställning.
 En central tematik i konstnärskapet återfinns i filmen *The Fall* (2020), där
vi ser en pojke som faller eller svävar i rummet. Det är ett mycket kort ögonblick som
beskrivs i filmen. Med hjälp av en högprestandakamera, som visar 2 500 bilder per
sekund, kan detta ögonblick ges en utsträckning i tid vid sänkt visningshastighet.
Tiden stannar nästan upp och skildrar ett svävande tillstånd. Tillståndet för den unge
pojken kan tolkas som en metafor för utgångspunkten i Kiswansons konstnärskap: att
falla handlöst genom tiden, men också att sväva mellan olika tillstånd, olika kulturer.
 Jämför med verket *Homebound* (2020), i utställningen placerat bakom filmpro-
jektionen. Det är ett collage som visar en förlist Ostindiefarare på drift med knäckta
master. Konstnären har vänt bilden vertikalt, sannolikt för att fokusera på formen som
svävar där mellan himmel och hav. I mitten av skeppet, i en cirkel inskriven i den

kokongliknande formen, ser vi en liten bild av en karta med Halmstad i centrum. Detta är den geografiska utgångspunkt från vilken konstnären tagit språnget ut i världen. I verket *Nest* (2020), med samma form som det stående, förlista skeppet, använder konstnären en form som kan vara ett slags ägg, en urform eller möjligen en farkost som svävar mellan olika tillstånd, mellan himmel och hav, mellan liv och död. Kopplingen i den gemensamma formen mellan tolkningen av trygghet i *Nest* och det förlista skeppet påminner oss om livets bräcklighet och om människans förmåga att kunna fortsätta sitt liv vid en annan kust någonstans i världen. Det finns en öppenhet eller ambivalens i Tarik Kiswansons konst där samma form kan rymma sin motsats jämfört med en tidigare tolkning. Inga former ges en given betydelse, möjligheten att kunna använda formen i ett annat sammanhang hålls öppen för nya konstellationer.

Kolteckningen med titeln *Open Window* (2022), som kan ses i utställningen, visar eller antyder också samma form som *Nest*. I en annan teckning, *The Window* (2020), syns en ung man eller pojke som känner sig fram mot bildytan. Hans kroppshållning tycks ställa frågor om gränserna för världen. Alternativt att han känner eller letar efter en utgång, en väg till något annat.

För att avsluta min beskrivning av utställningen vill jag gärna nämna de stora bilder, *Passing Mother* (2022), som visas i utställningens största rum. Det är röntgenbilder som Kiswanson konstruerat utifrån bilder av kläder som placerats ovanpå varandra. De olika plaggen består av sedan lång tid tillbaka, ärvda kläder från hans egen familj, dräkter och andra klädesplagg han använt från museets samling, och kläder som han själv bär idag. Resultatet när han lägger textilier och klädesplagg från olika tider och platser över varandra, för att röntgenfotografera dem, blir att de "flyter" samman och bildar en kropp, en gemensam kropp som stiger ur tiden och skapar en bild av ett sammansatt minne från olika tider och kulturer. De ornamenterande stygnen och metallbeslagen från 1700-talet smälter samman med blixtlås och logotyper från vår egen tid. De olika delarna från skilda tider lyckas i mötet med varandra generera något mer än vad varje enskild del lyckas förmedla. På så vis får vi en bild av tid, kläder från olika tider och kulturer som för en dialog över sekler, som tillsammans utgör en reflektion över ursprung, migration, tid, tillhörighet, likheter och skillnader, som en sammanfattning av de teman som är centrala i Tarik Kiswansons konst.

I en biografi över Michelangelo av den amerikanske konsthistorikern William E. Wallace, beskriver han hur Michelangelo vid 85 års ålder, i ett brev till sin brorson Lionardo, uttrycker sin starka önskan om att kunna återvända till sin hemstad Florens. Han skriver att han gärna vill ha ett litet hus i Florens. Wallace citerar i översättning från brevet: "…/I would like to know that I have a nest just for myself and my brood (in Florence)." Wallace skriver vidare i sin kommentar: "The phrases used, *un nido* and *mia brigata*, suggest a profound desire to be reunited with his home and family – to return, as he admitted, to a "nest" and his second childhood (rinbambito)." Michelangelo tillbringar de sista tjugofem åren av sitt liv i exil i Rom, han får aldrig återse sin hemstad. Han längtar tillbaka till sin barndoms Florens, och skriver c:a 1560 i ett brev att han vill ha ett litet näste (nest, un nido) i hemstaden. Exilen föder tankar och en längtan efter detta lilla rum, detta näste. Dessa motiv och tankar sammanfaller med Kiswansons egna reflektioner 560 år senare. Verket *Nest* blir i detta sammanhang en metafor för ett hem eller en plats att återvända till.

Hallands Konstmuseum är mycket stolt över att kunna presentera denna utställning med verk av Tarik Kiswanson. Jag skulle vilja tacka all personal på museet, museets ansvarige tekniker Ulf Karlsson för all installation och tekniska lösningar, särskilt också Intendent Annelie Tuveros som ansvarat för hela utställningsprojektet. Jag vill också tacka Anna Ezequel, för all assistens i samarbetet med Kiswanson.

Stort tack till Mousse Publishing i Milano, Micola Clara Brambilla och Massimilliano Pace, för ett mycket givande samarbete i formgivningen och produktionen av denna utställningskatalog. Jag vill också framför ett särskilt tack till Kulturrådet och Region Halland för ekonomiskt stöd i detta projekt.

Utformningen av utställningen har skett i ett givande samarbete med Kiswanson. Vi vill särskilt tacka för produktionen av nya verk till utställningen, att han på ett mycket kreativt sätt undersökt museets samling och använt föremål från museet. Därigenom har han knutit ihop konstnärskapet med det lokala kulturarvet i Halmstad i en pågående reflektion över de teman som är centrala i konstnärskapet.

Tillsammans med hela personalen på Hallands Konstmuseum vill jag rikta ett stort tack till Tarik Kiswanson, som med energi och entusiasm arbetat målmedvetet i flera år för att skapa en utställning som vi hoppas lockar en bred publik till museet som nu får möjlighet att uppleva hans rika och inspirerande konstnärskap.

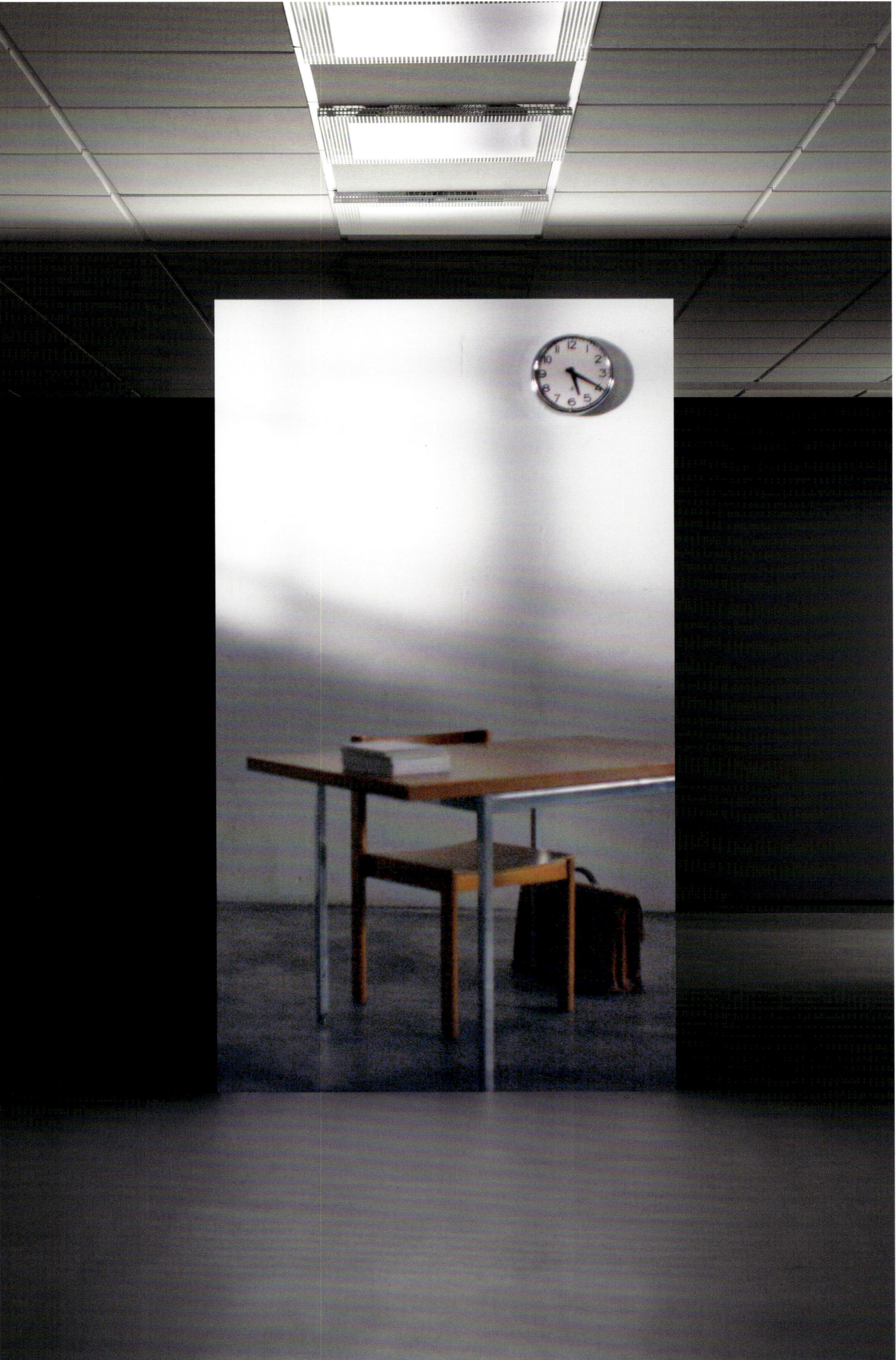

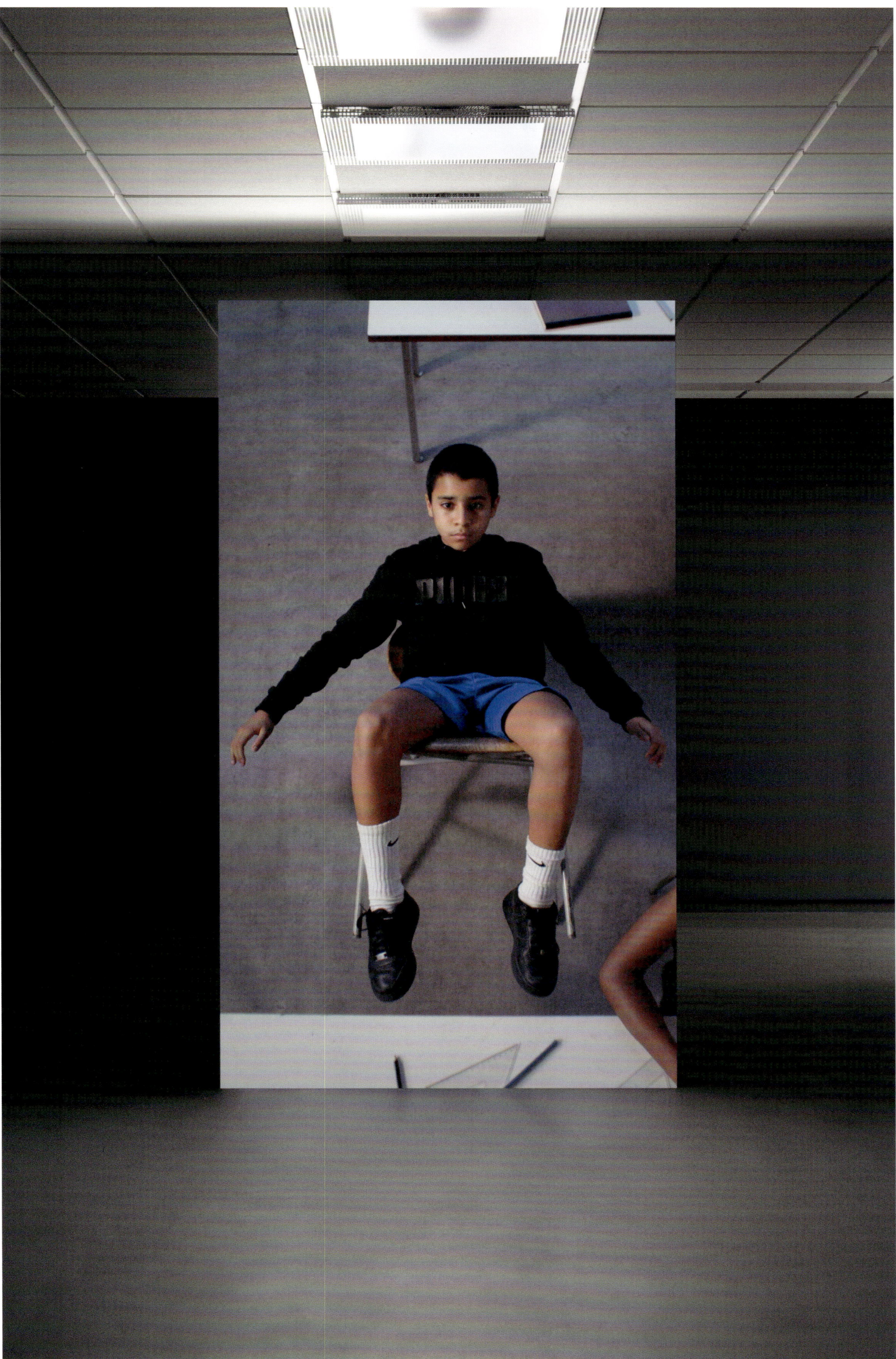

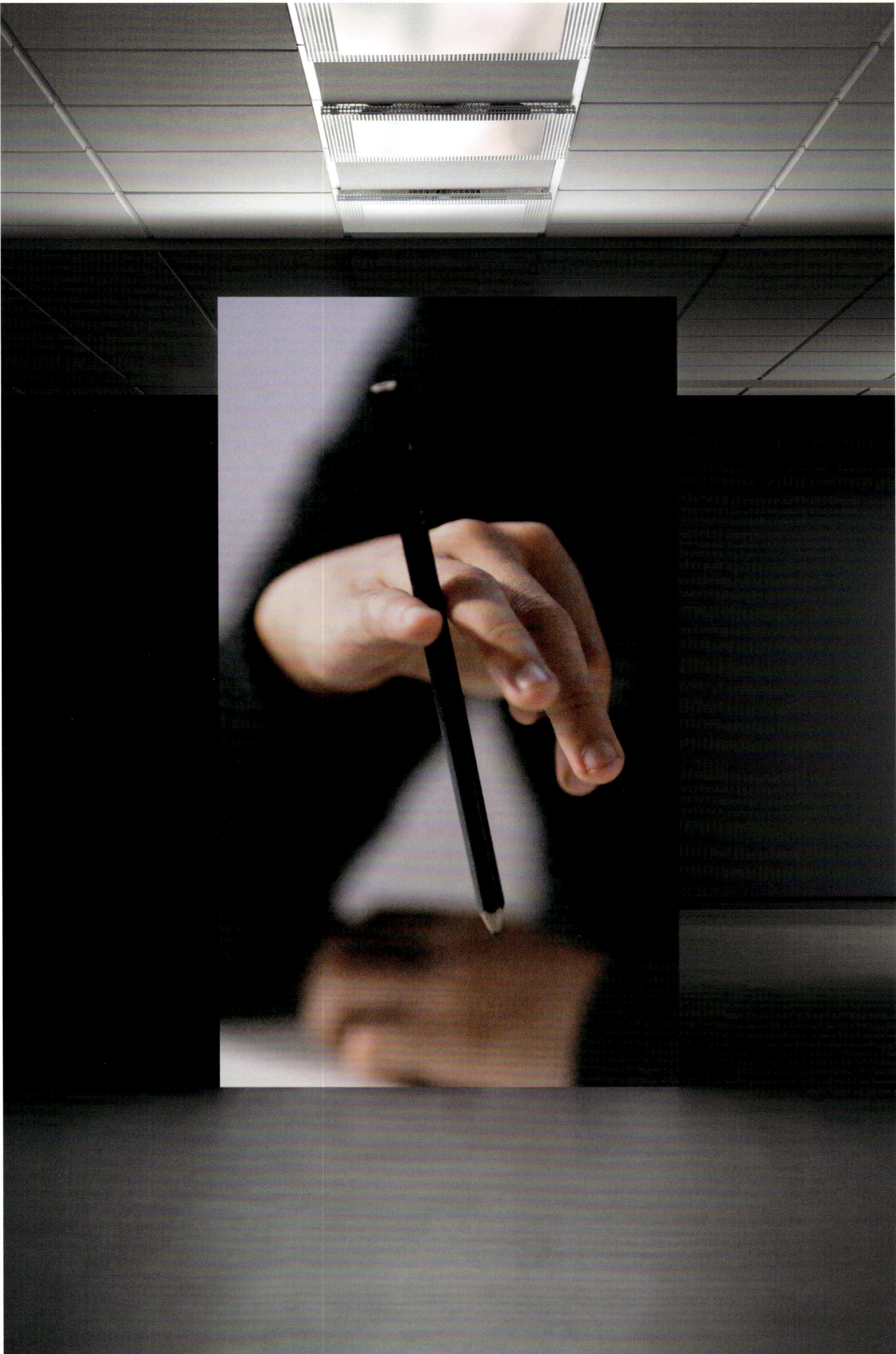

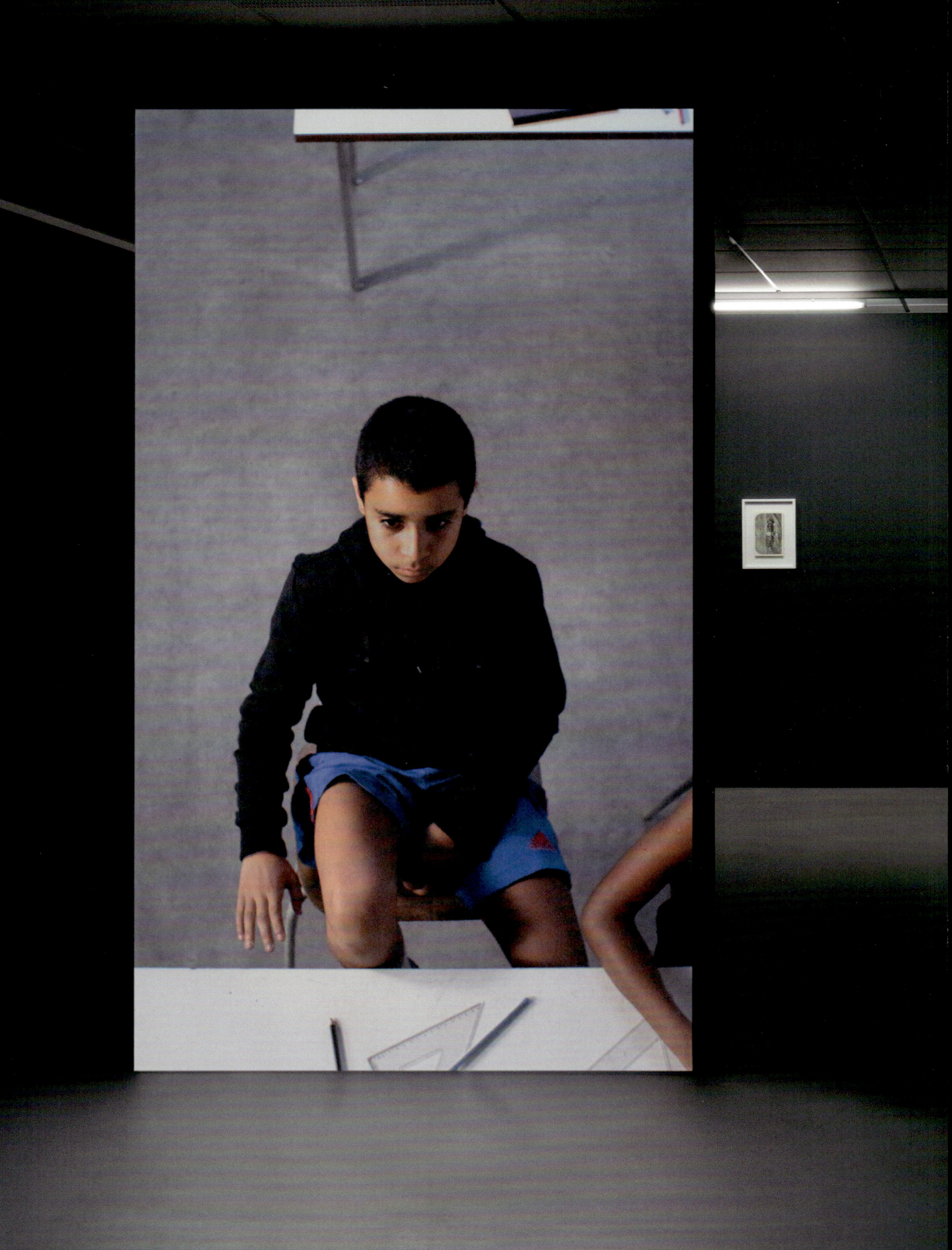

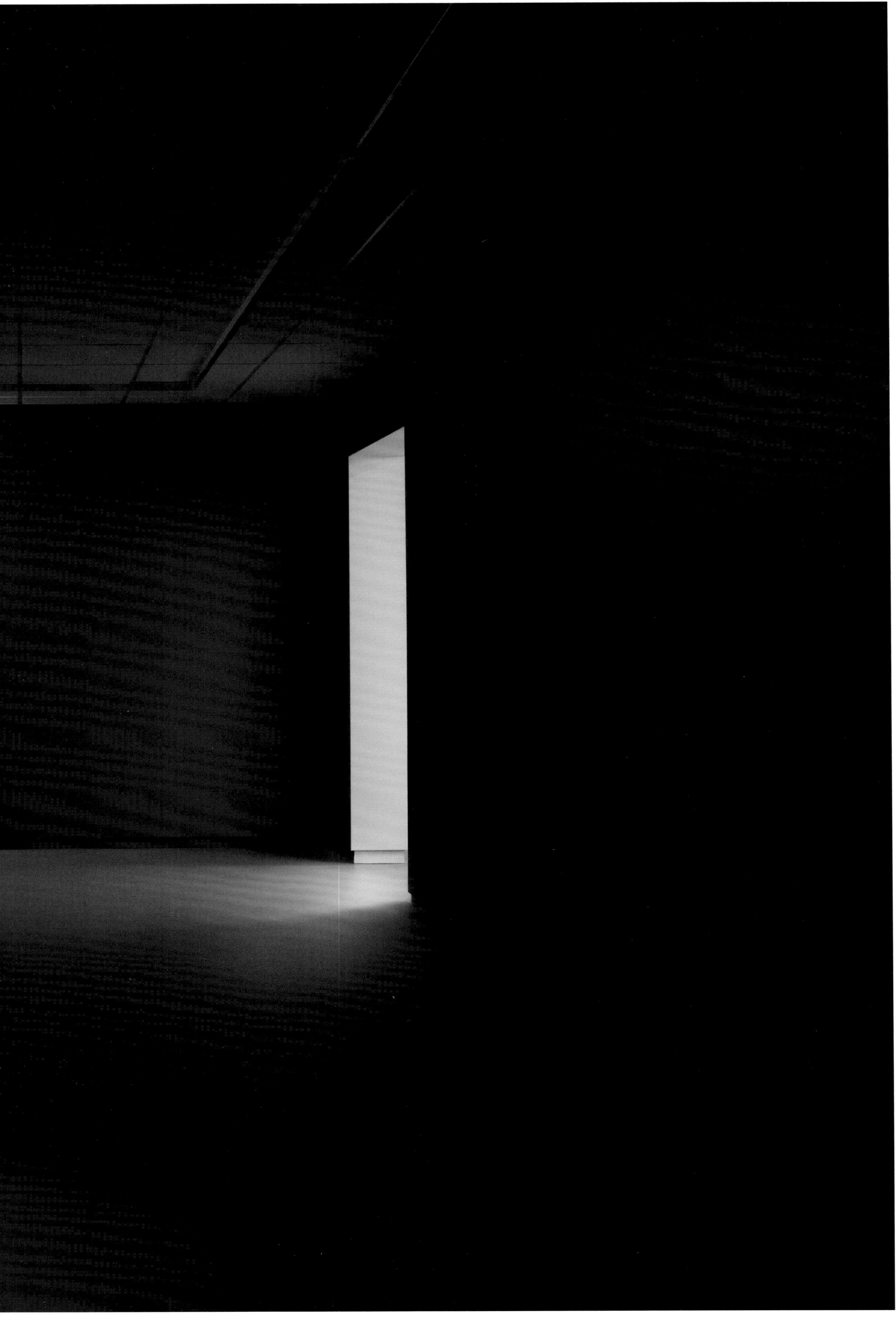

Homebound, 2020

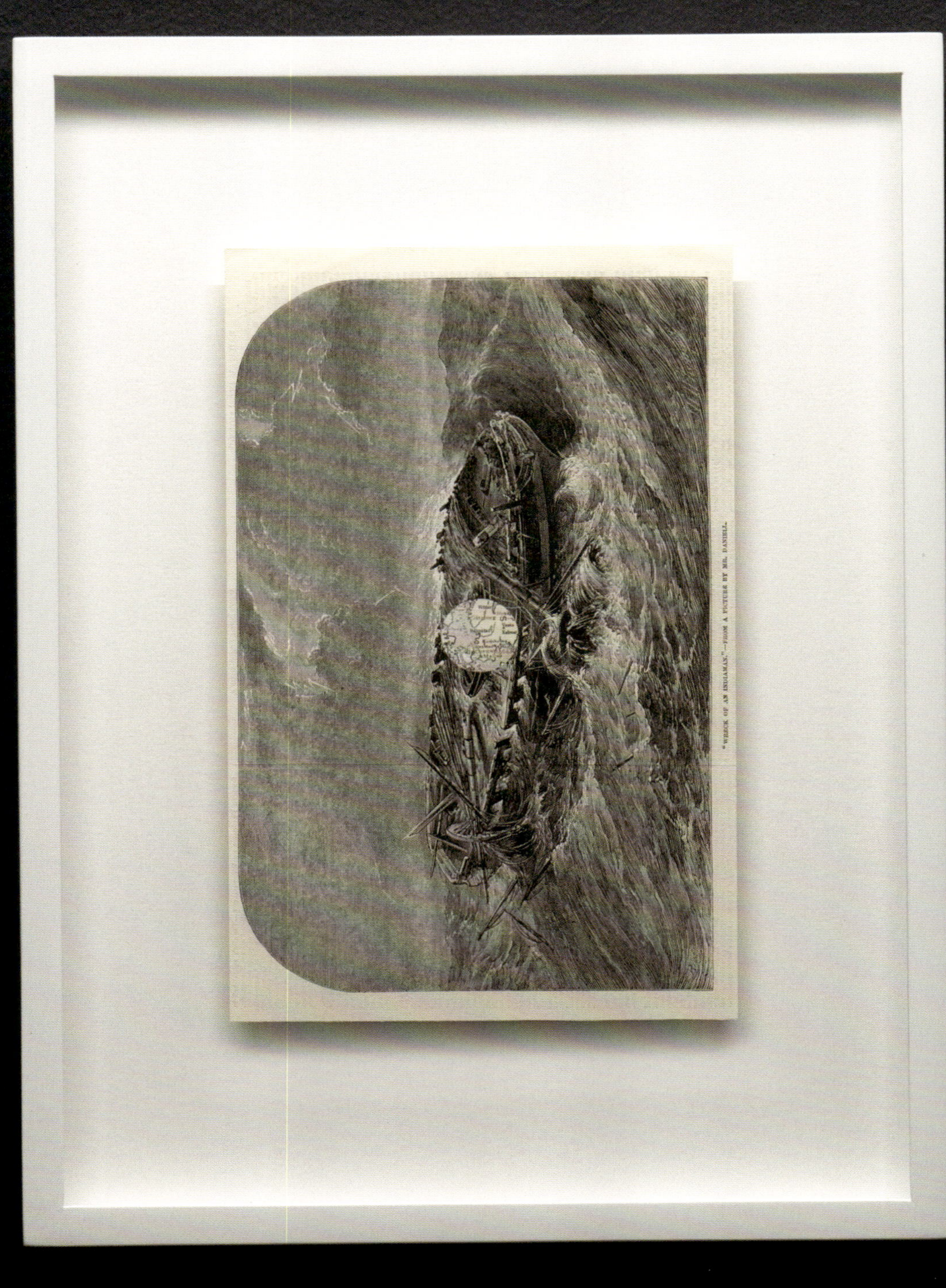

"WRECK OF AN INDIAMAN."—FROM A PICTURE BY MR. DANIELL.

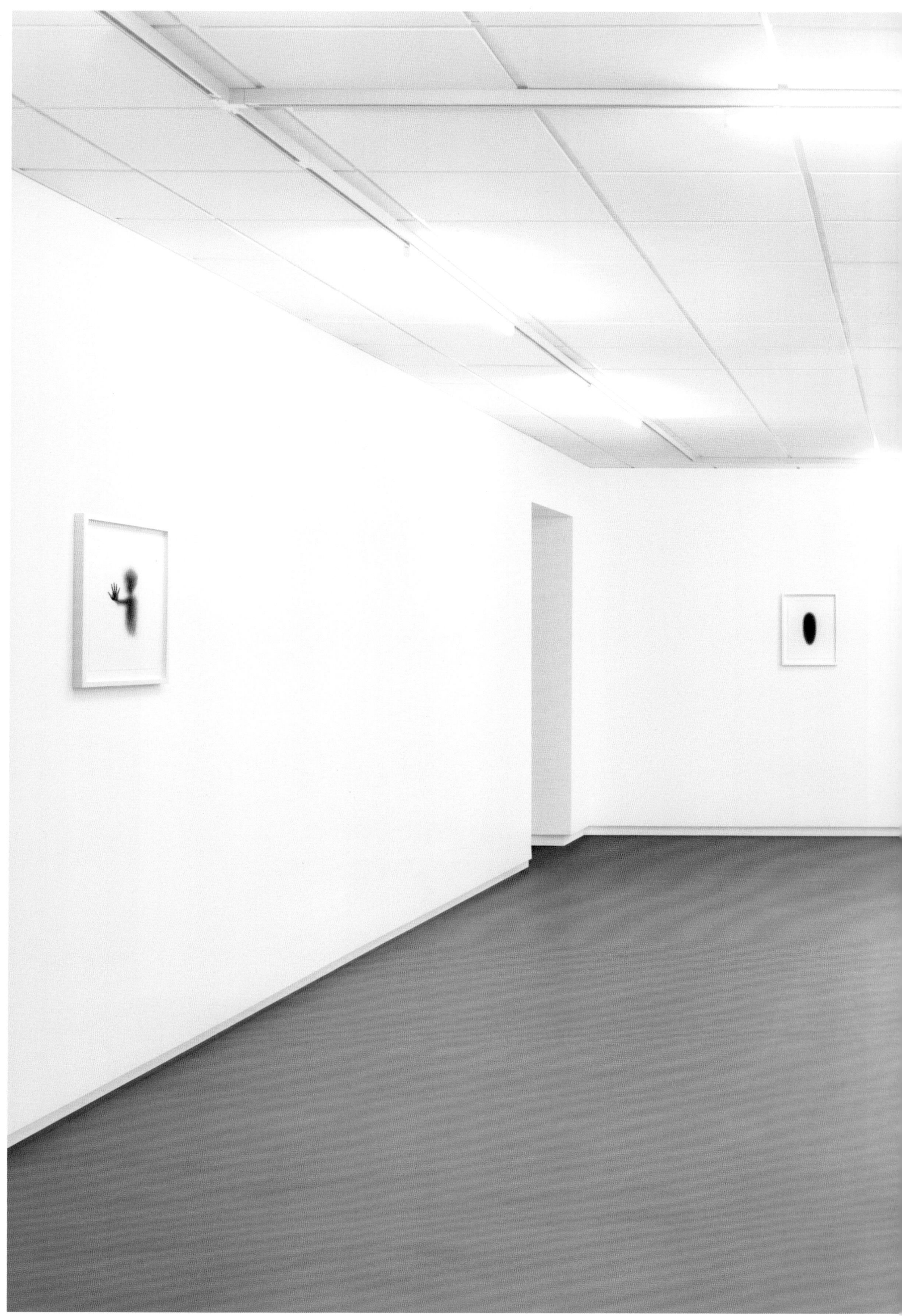

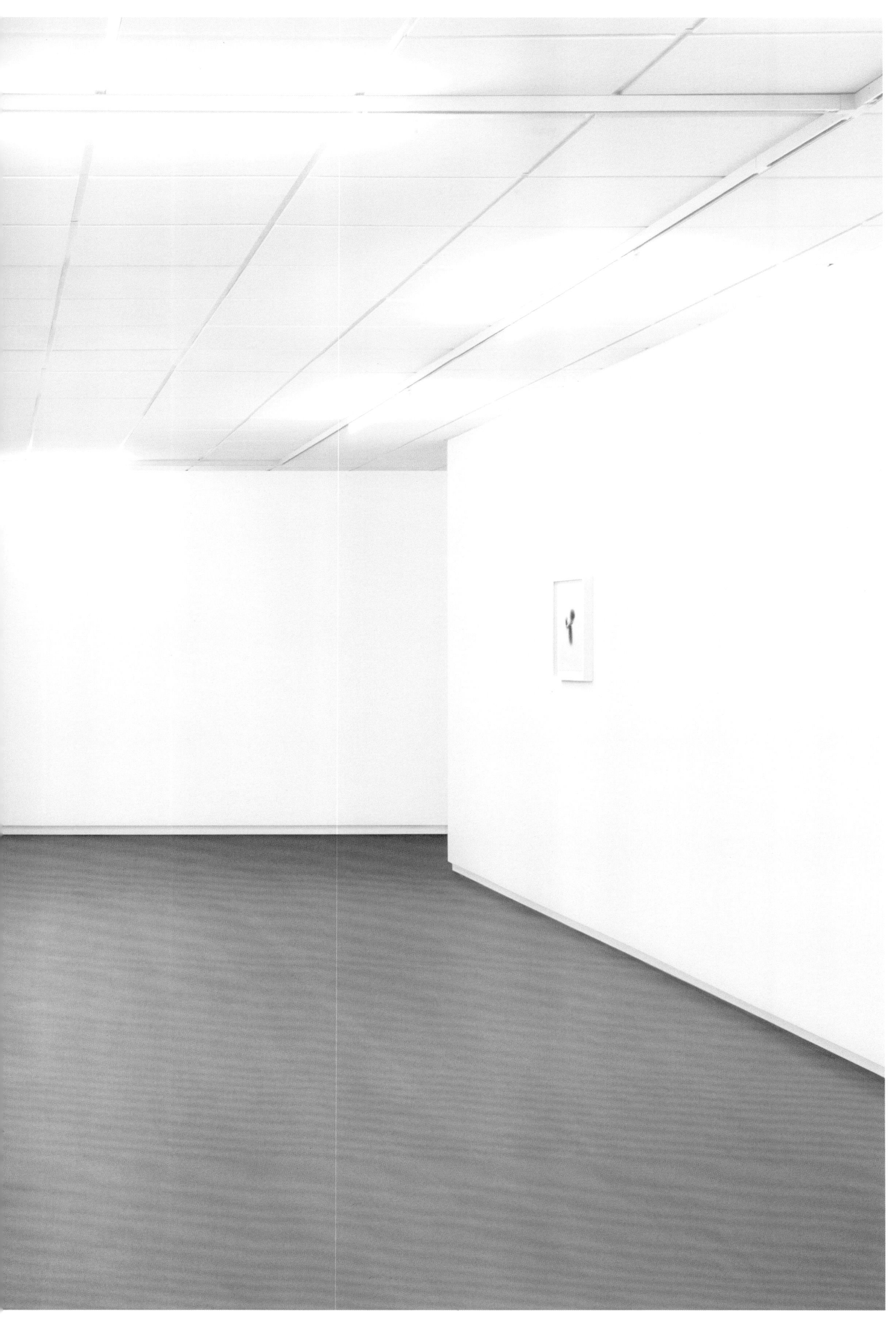

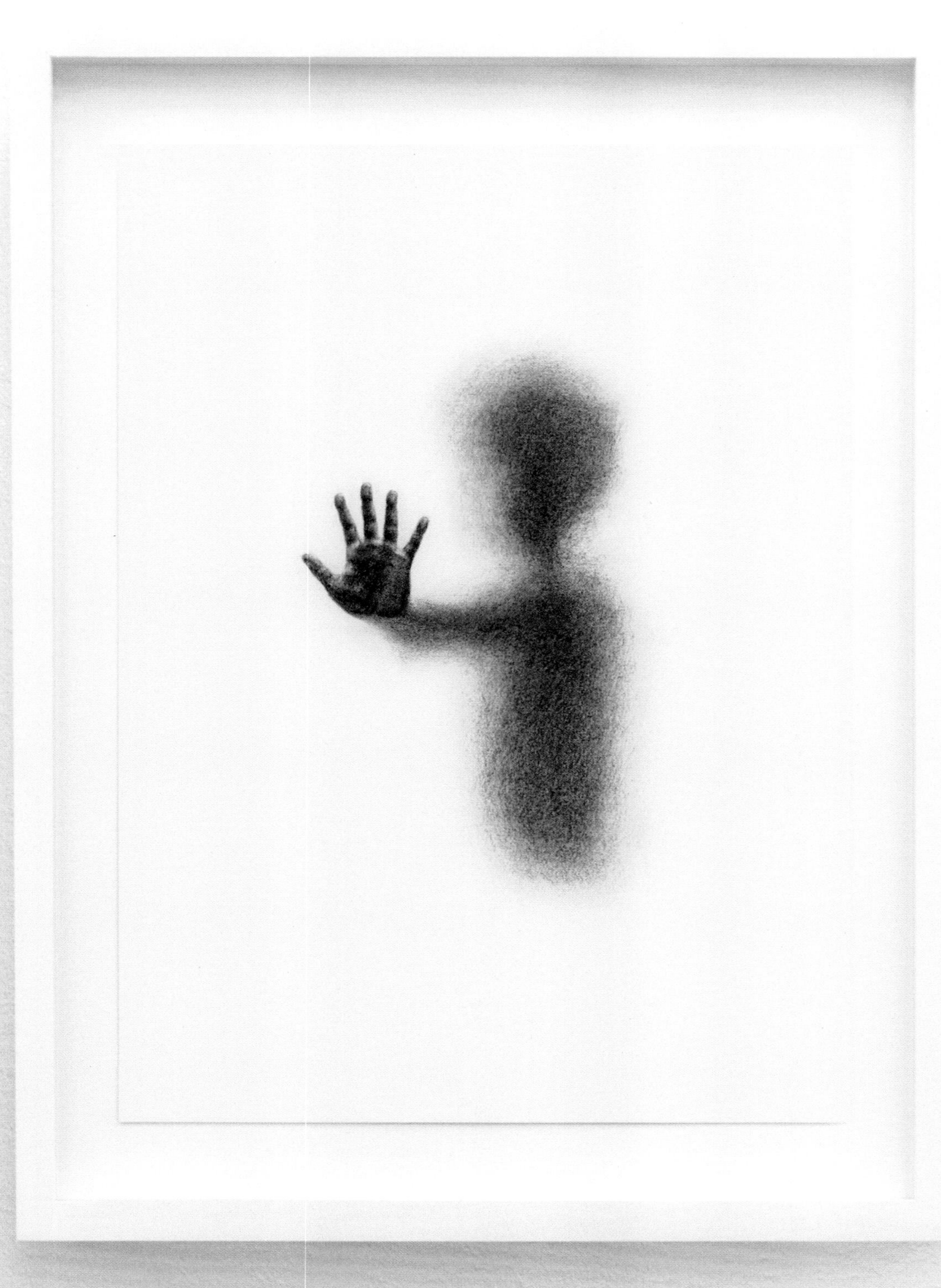

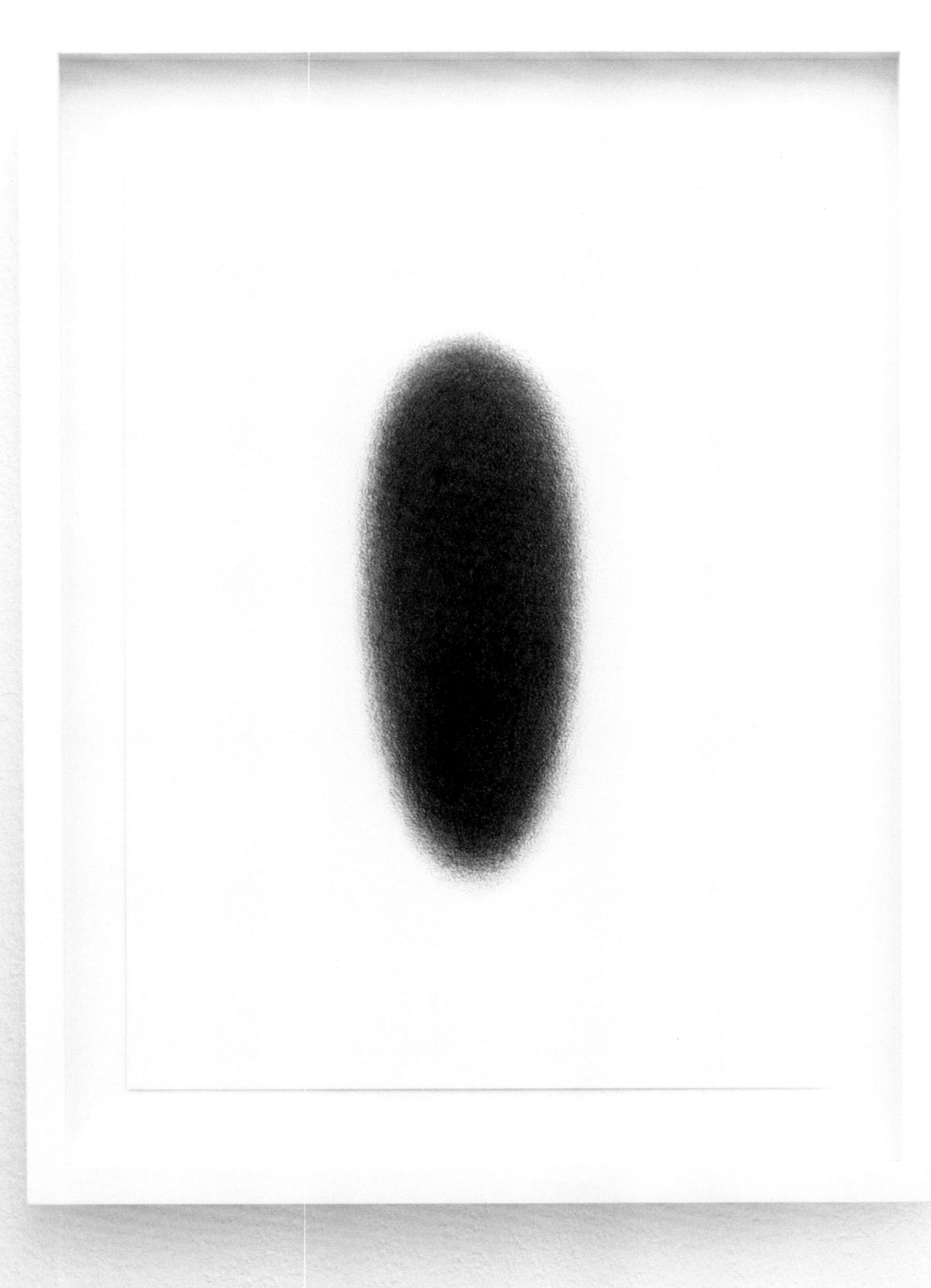

The Window, 2021

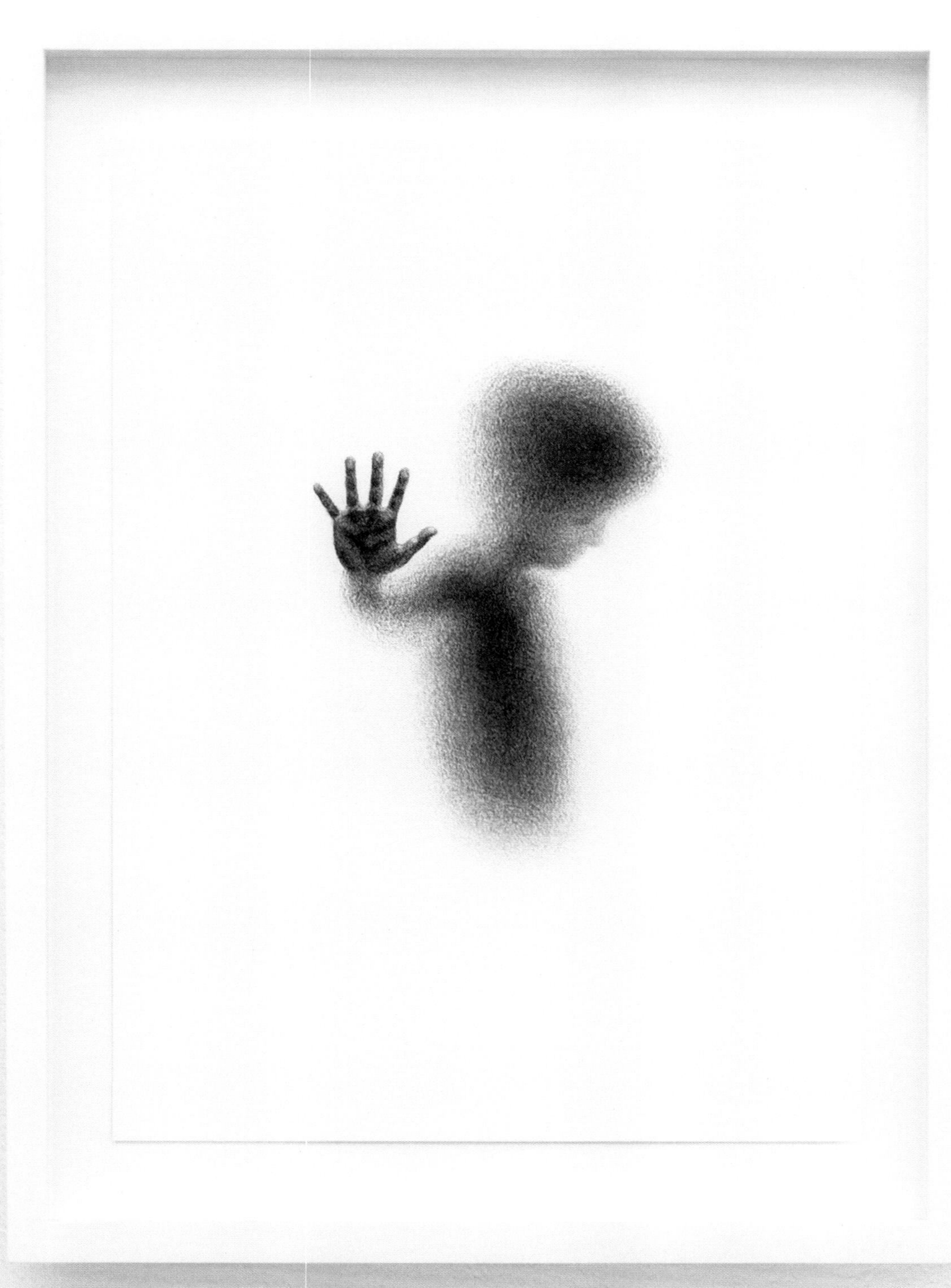

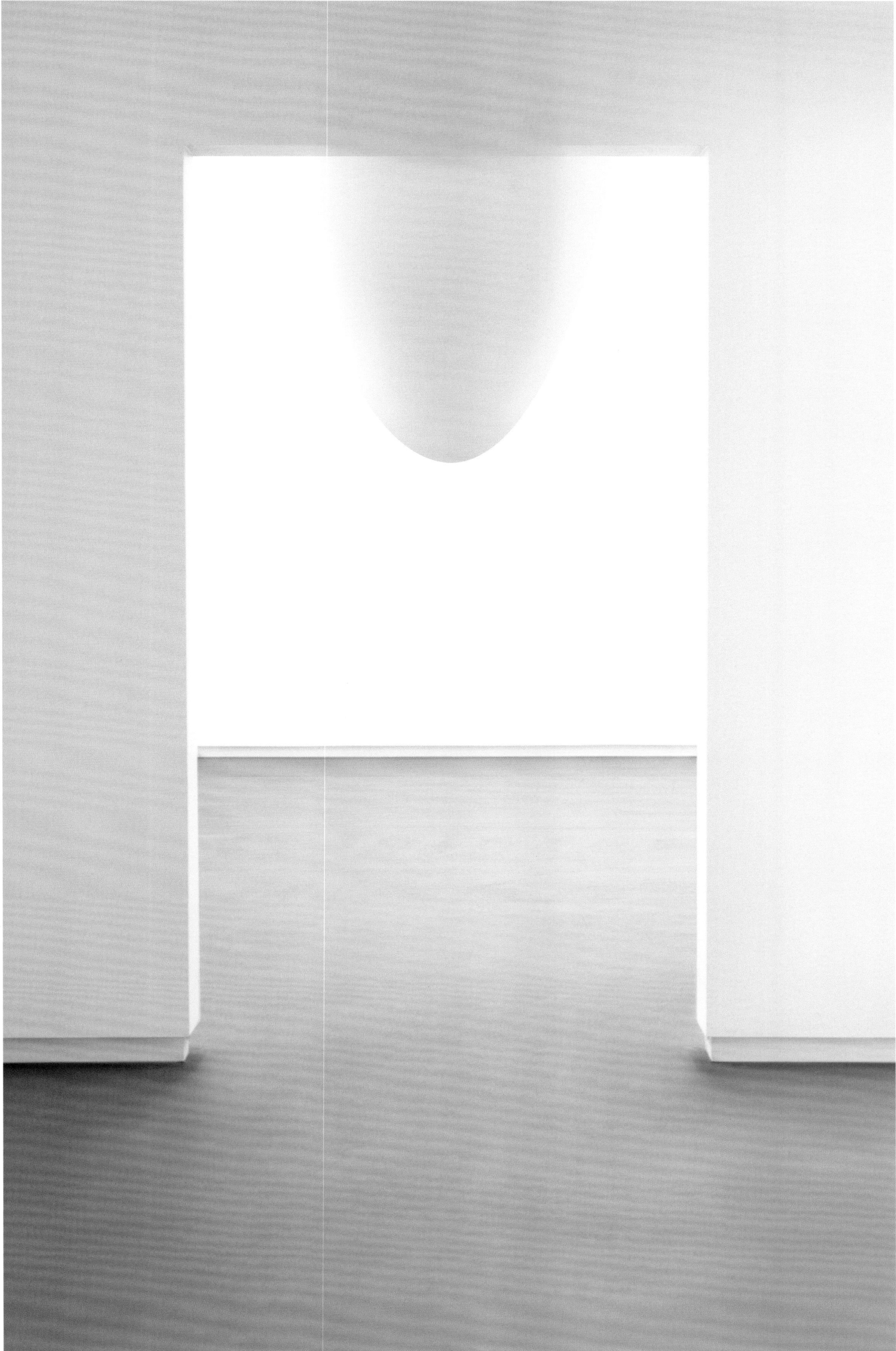

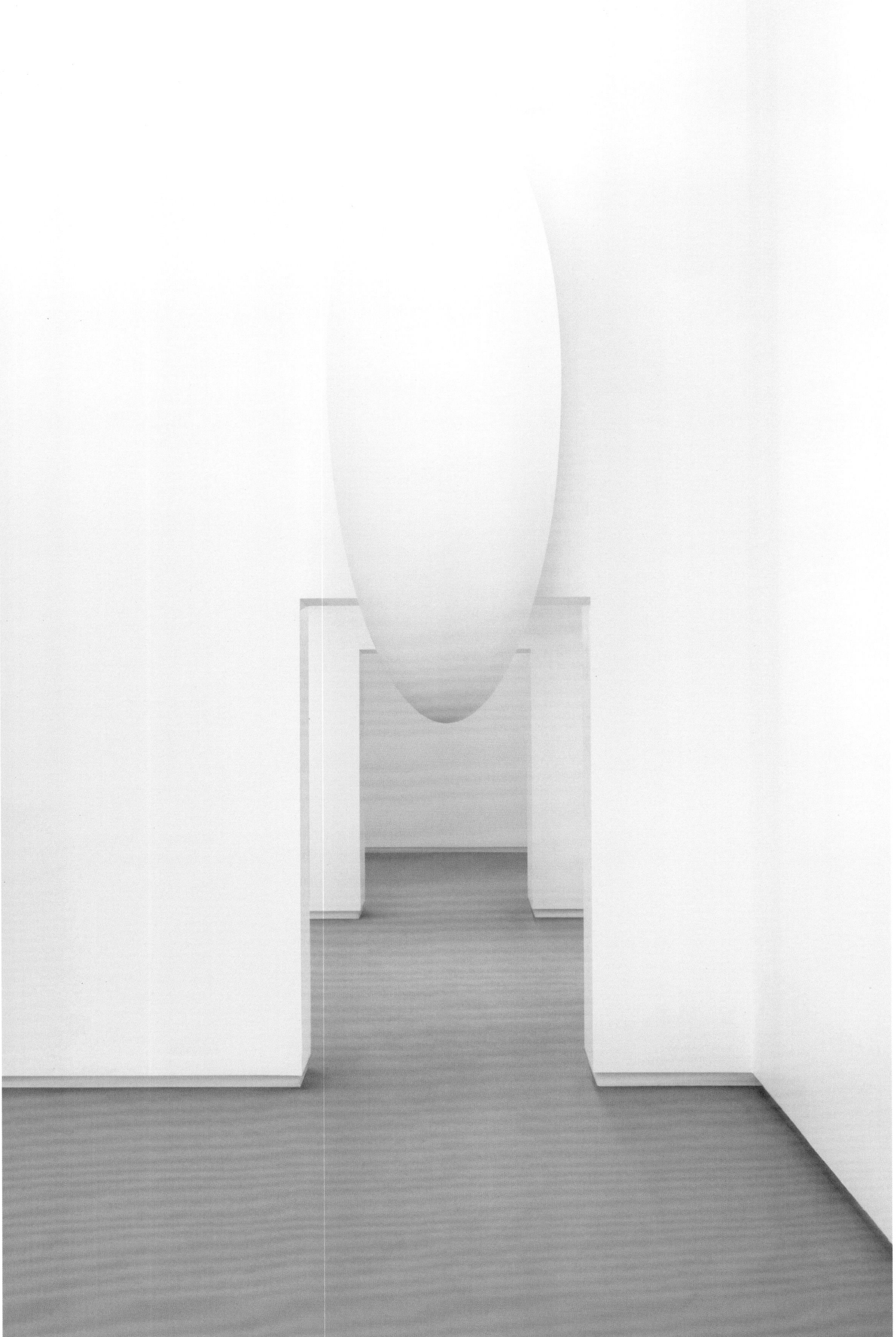

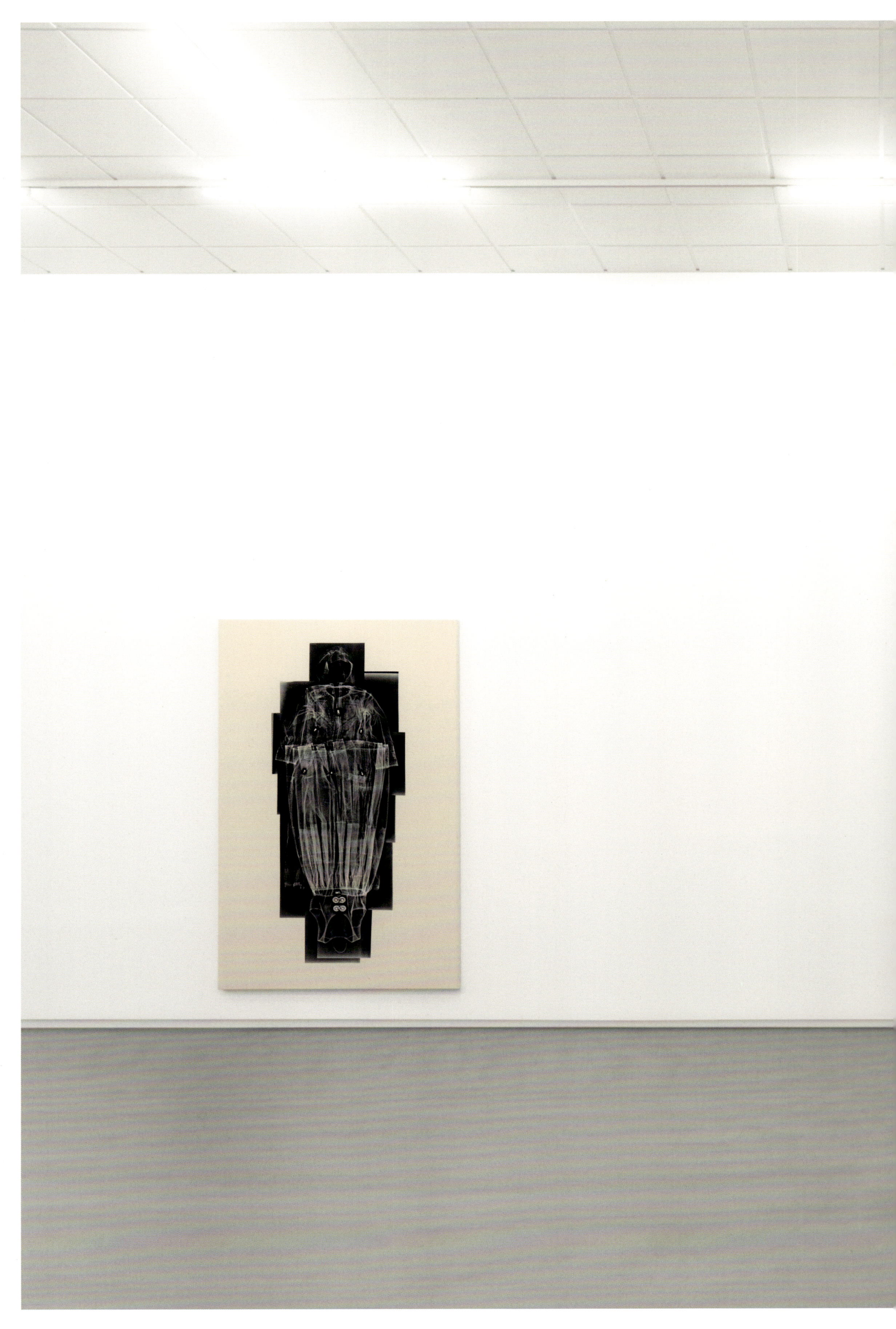

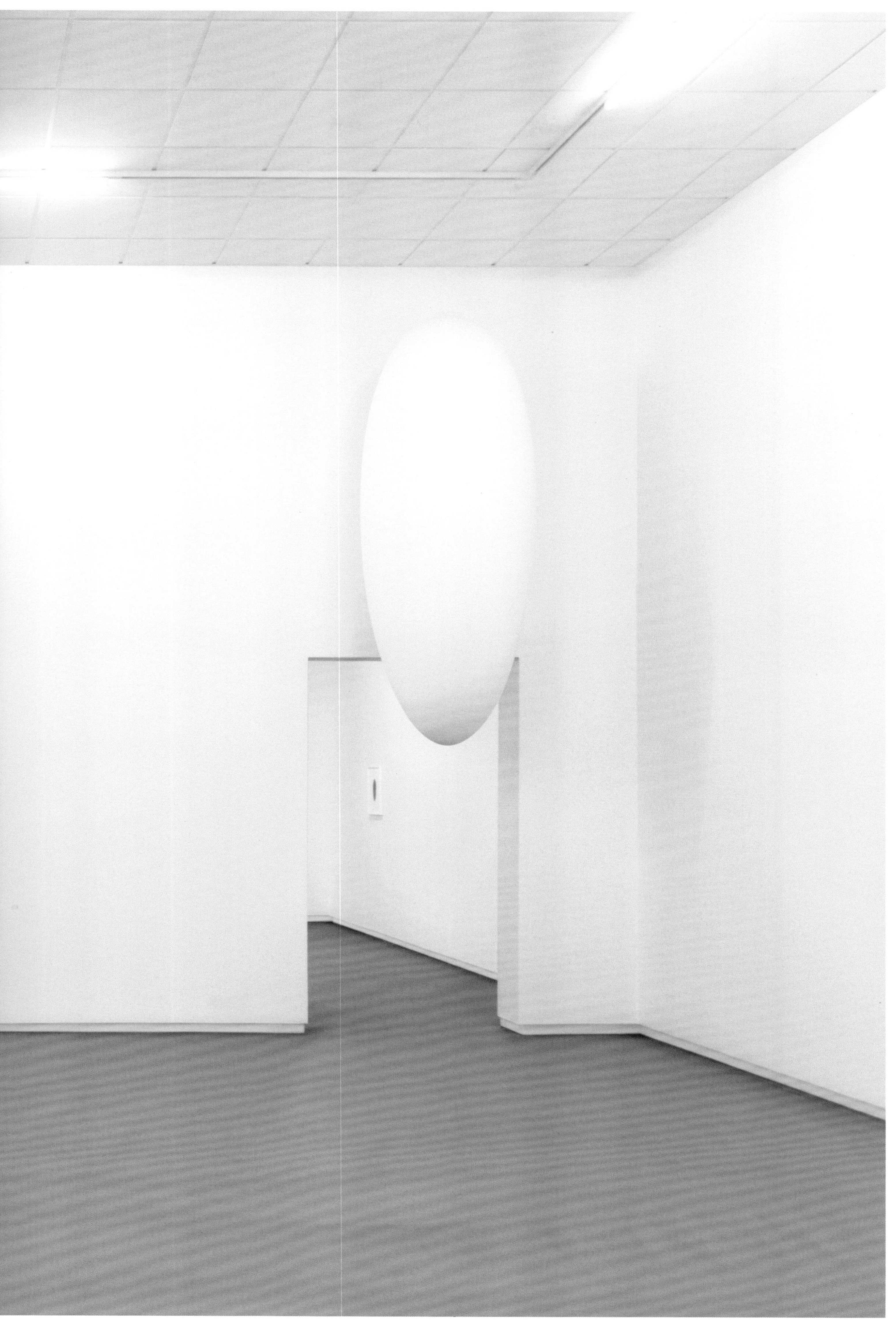

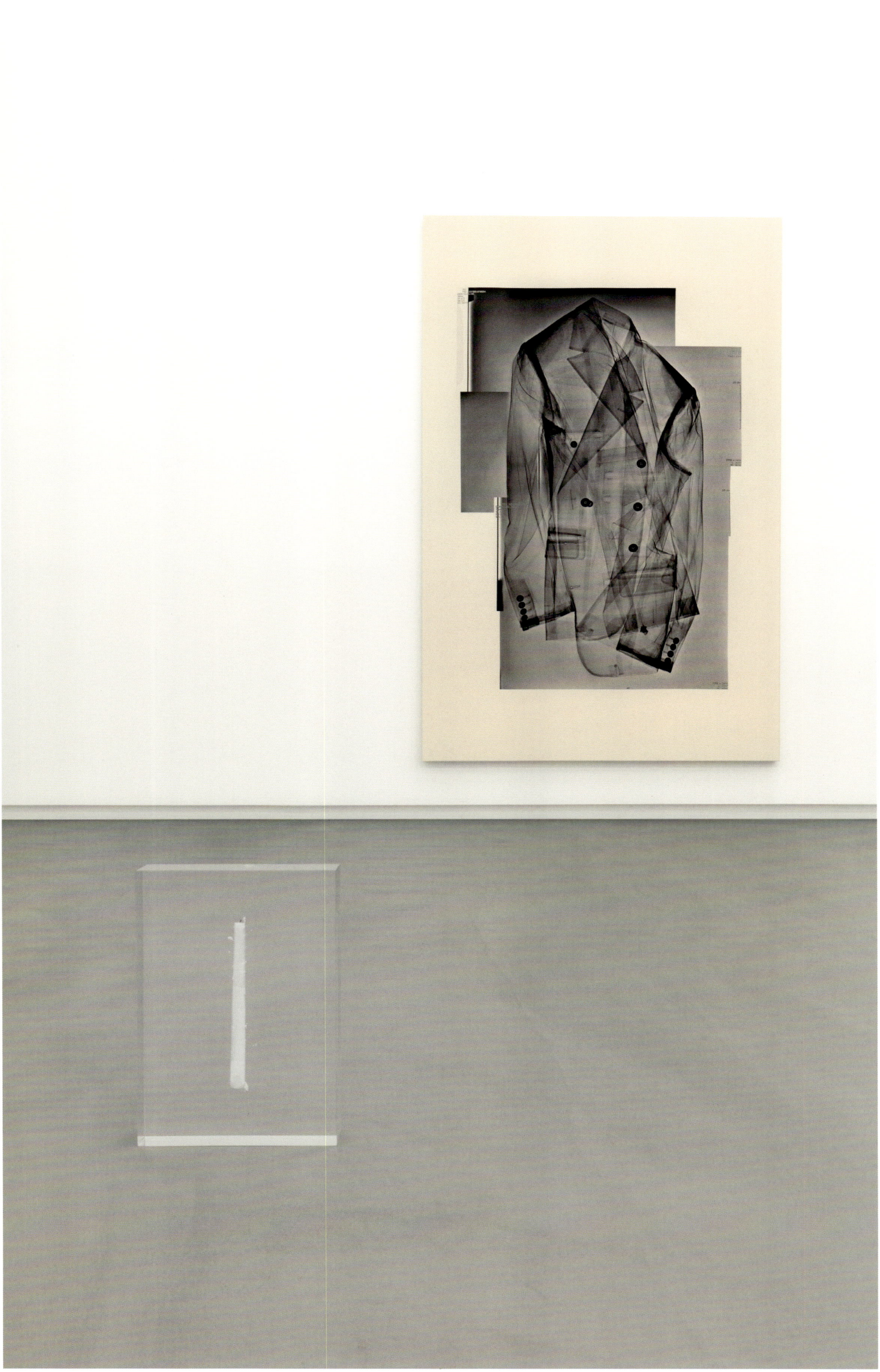

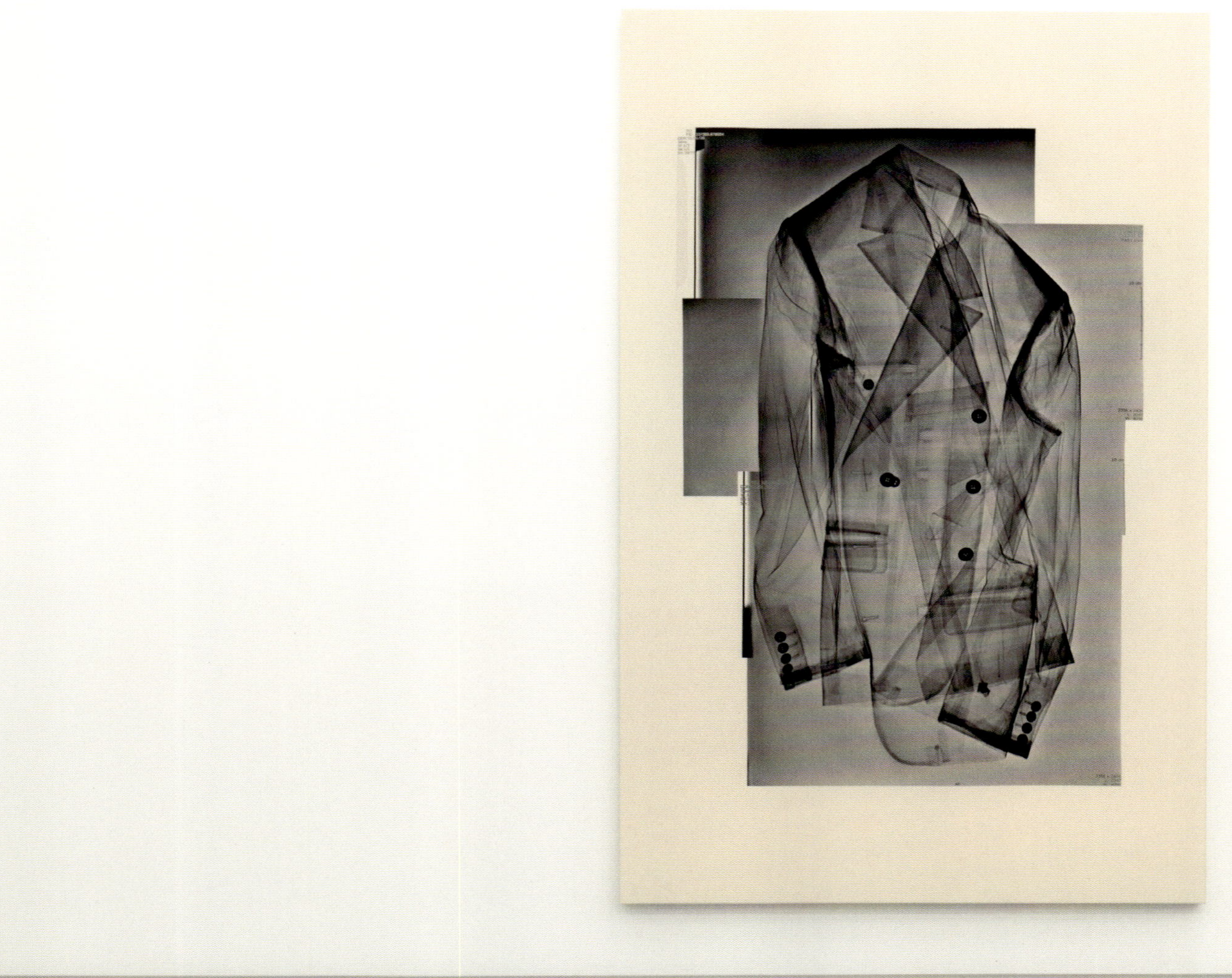

Respite, 2021

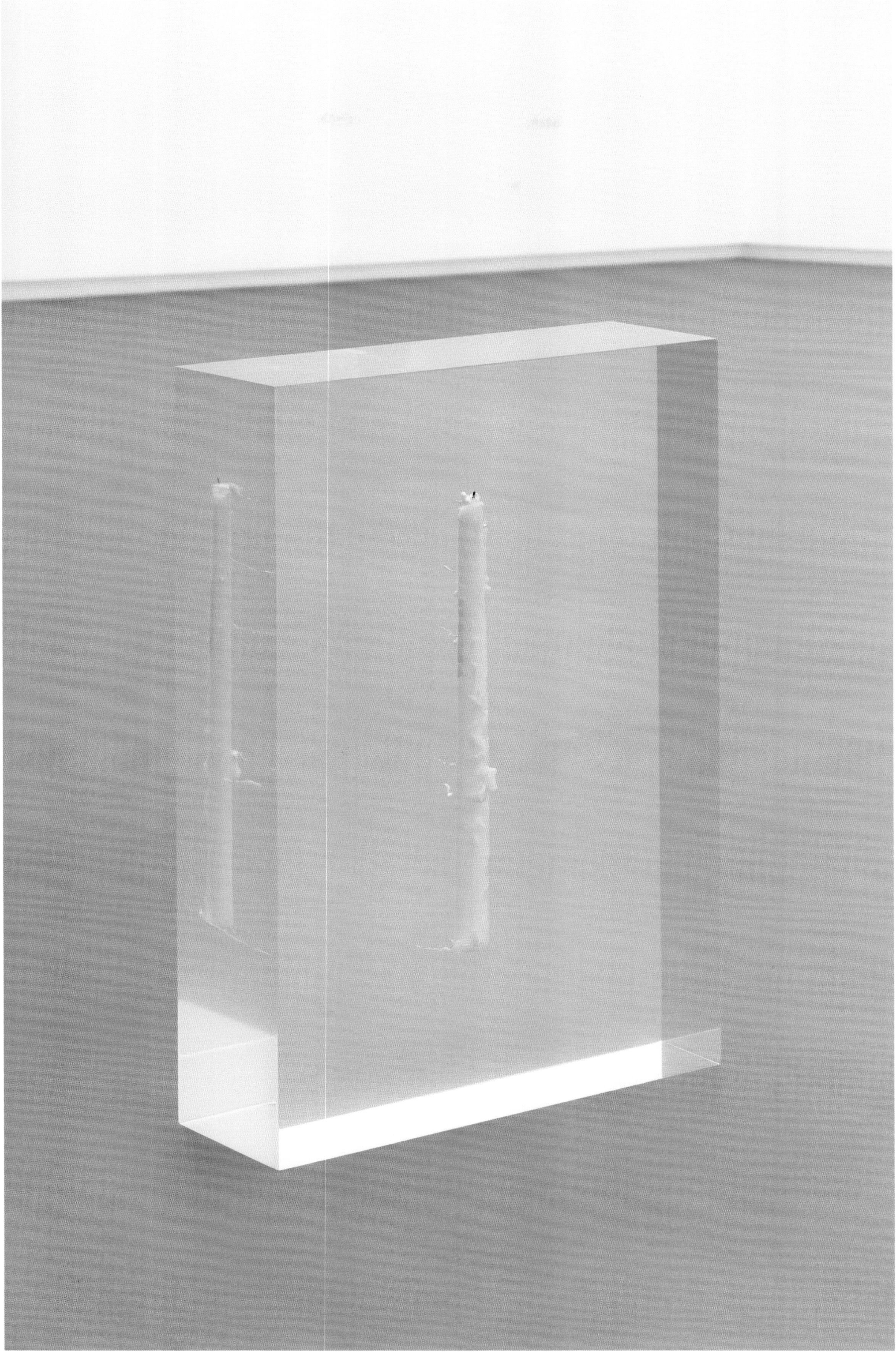

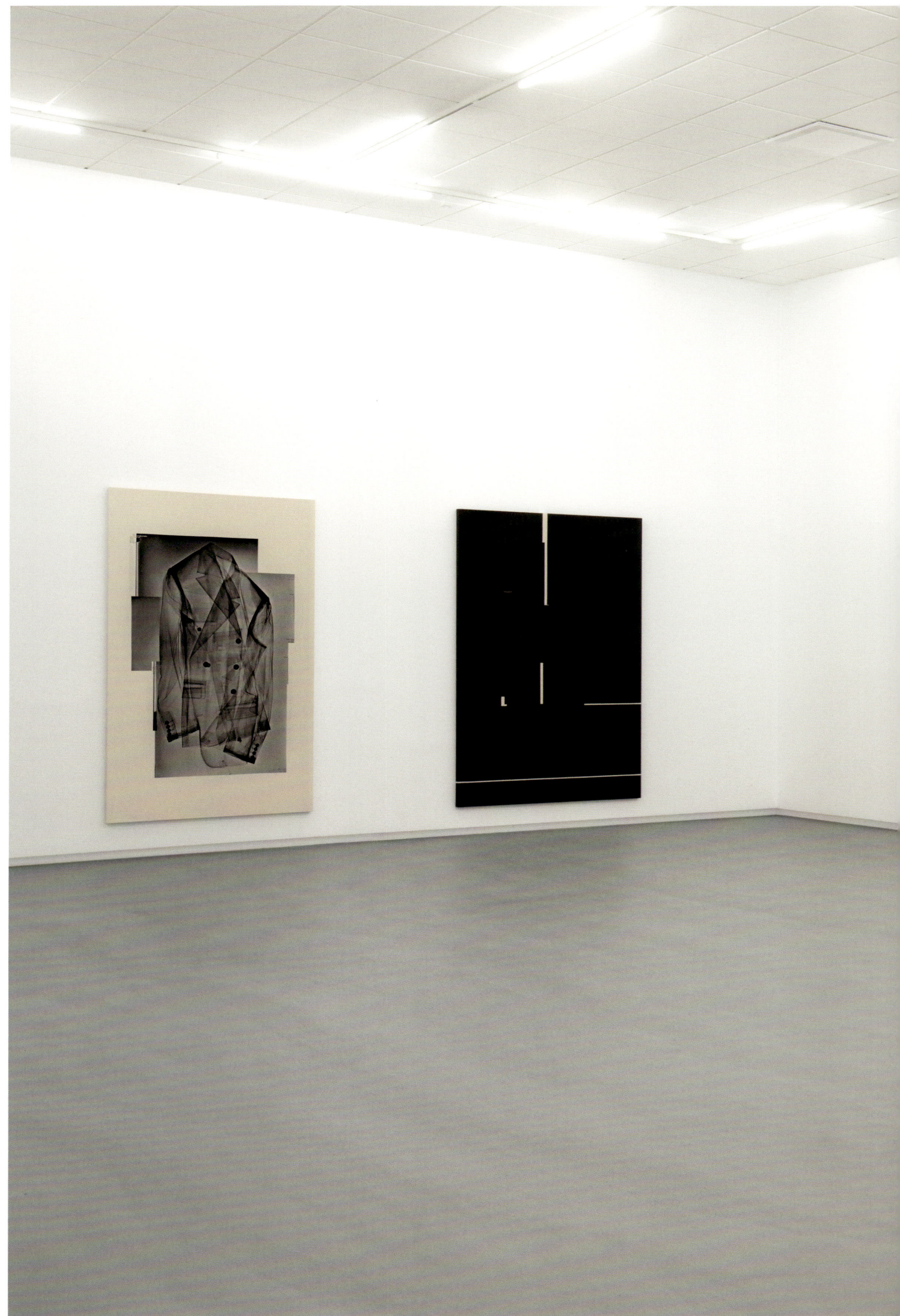

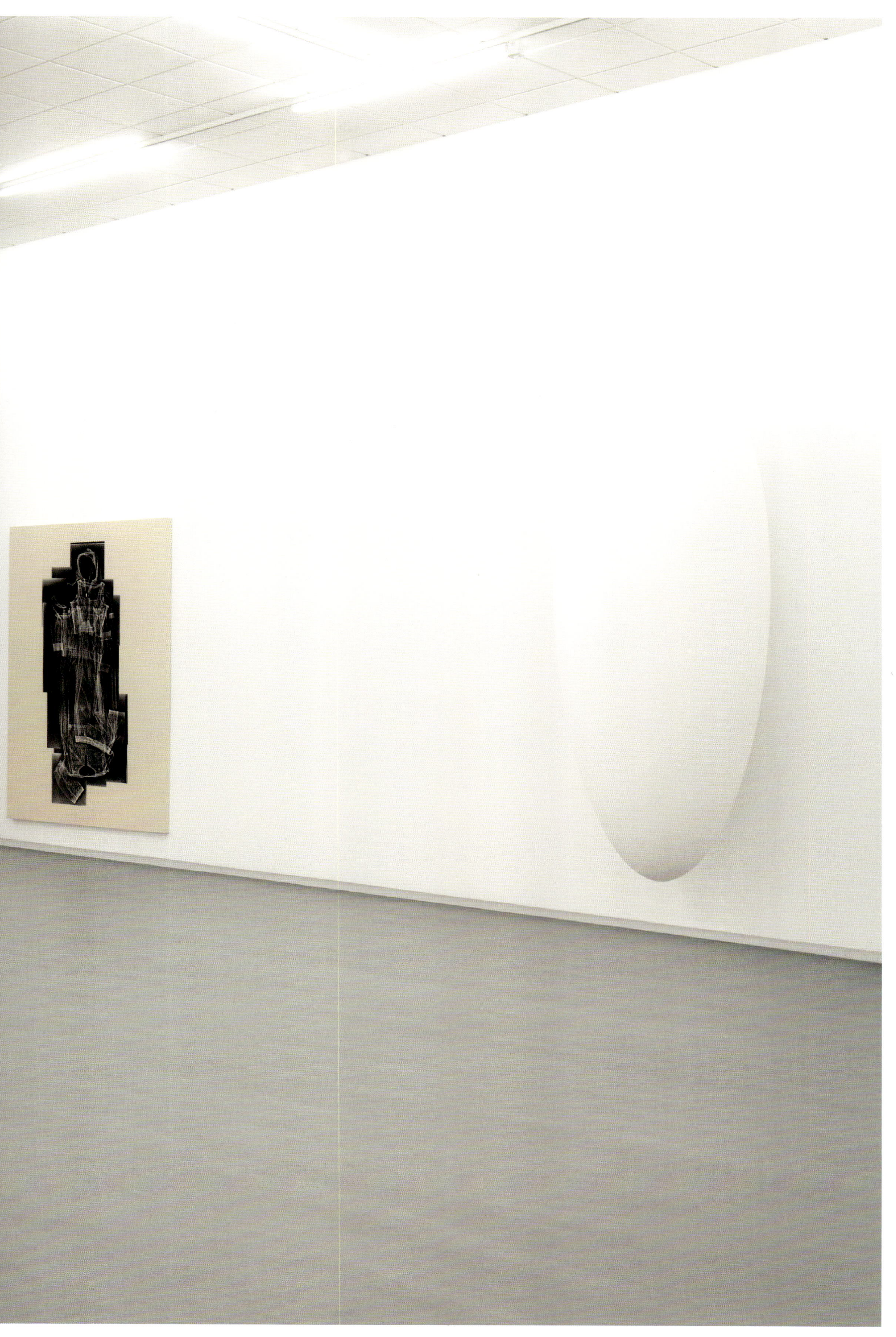

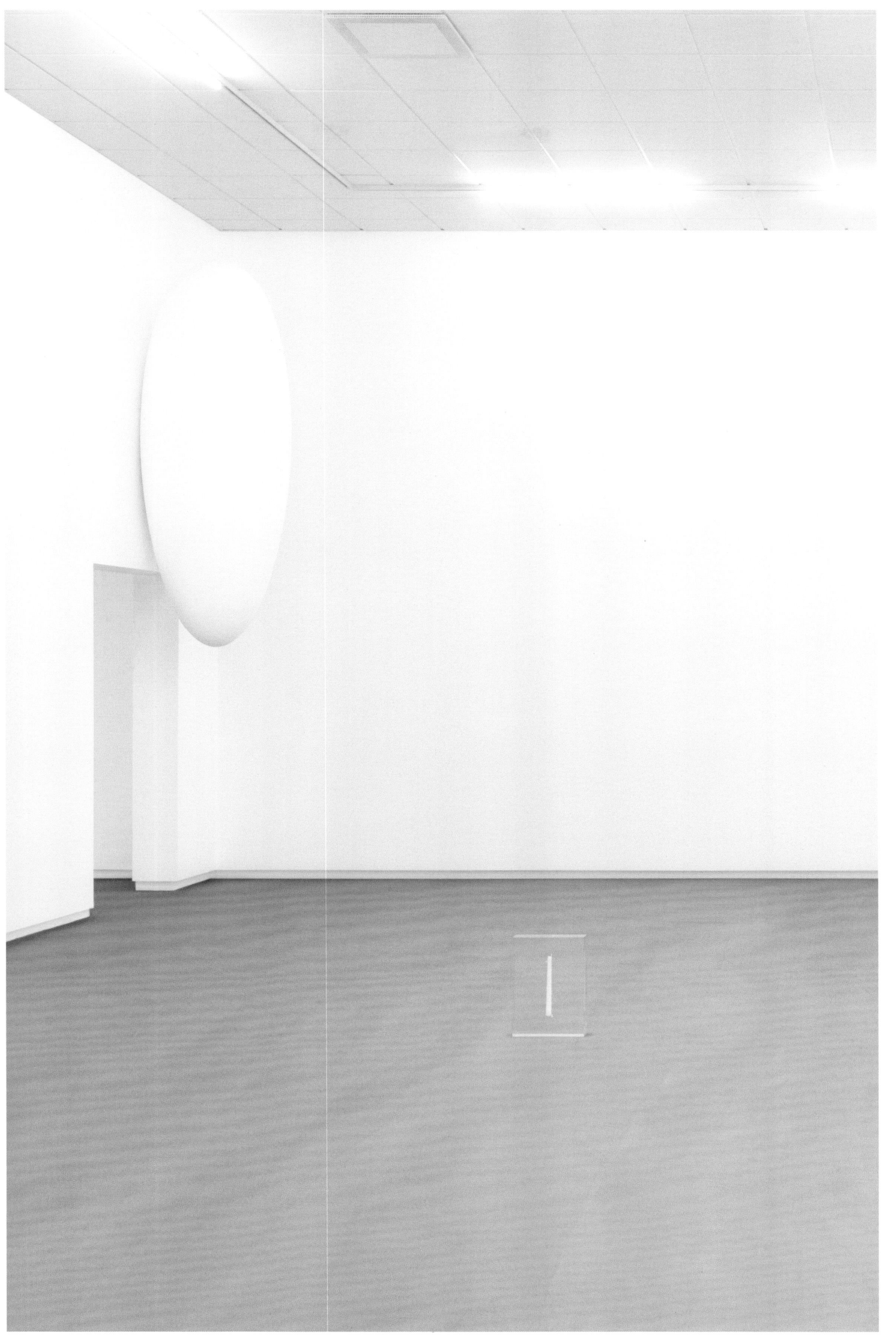

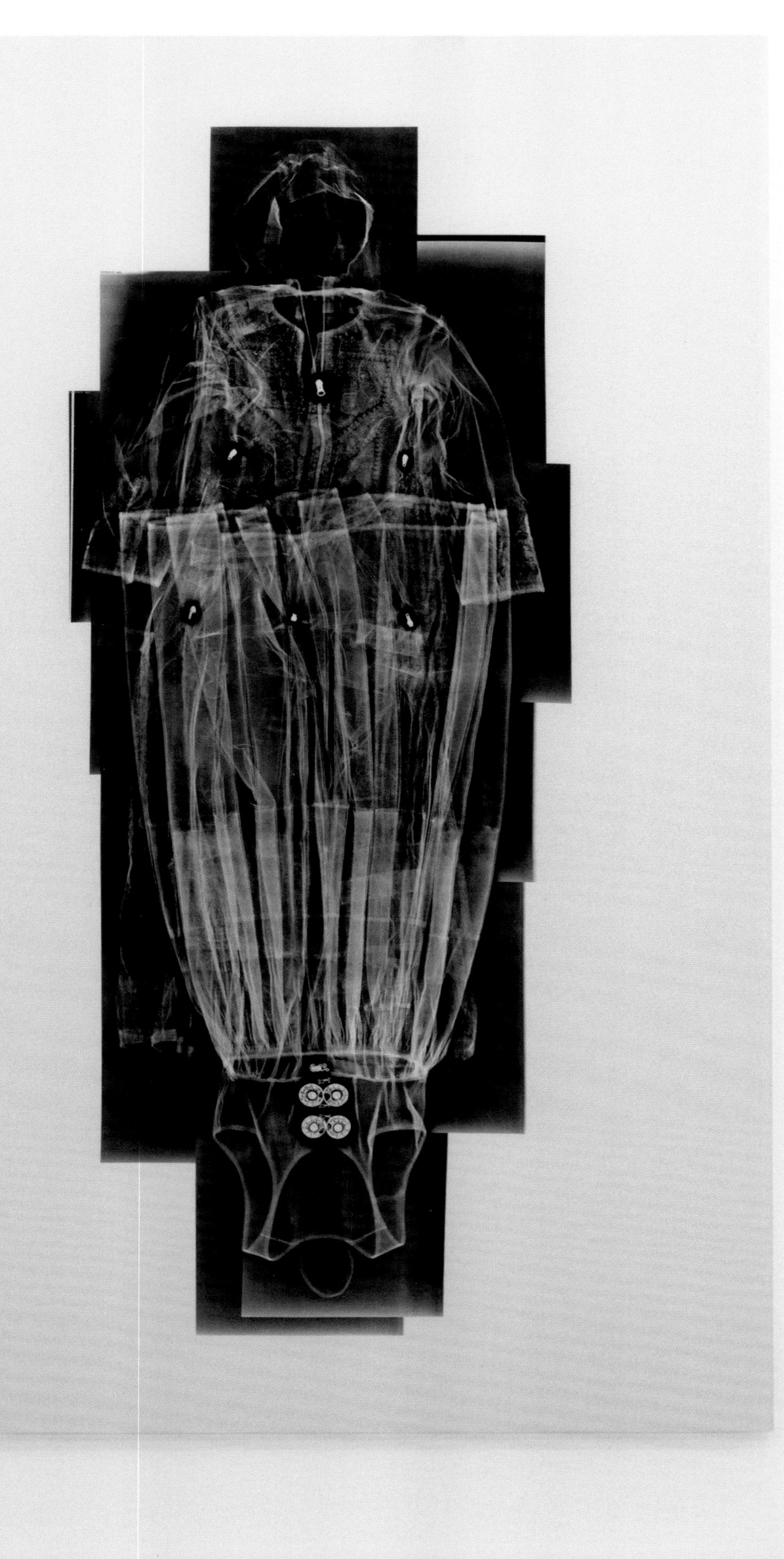

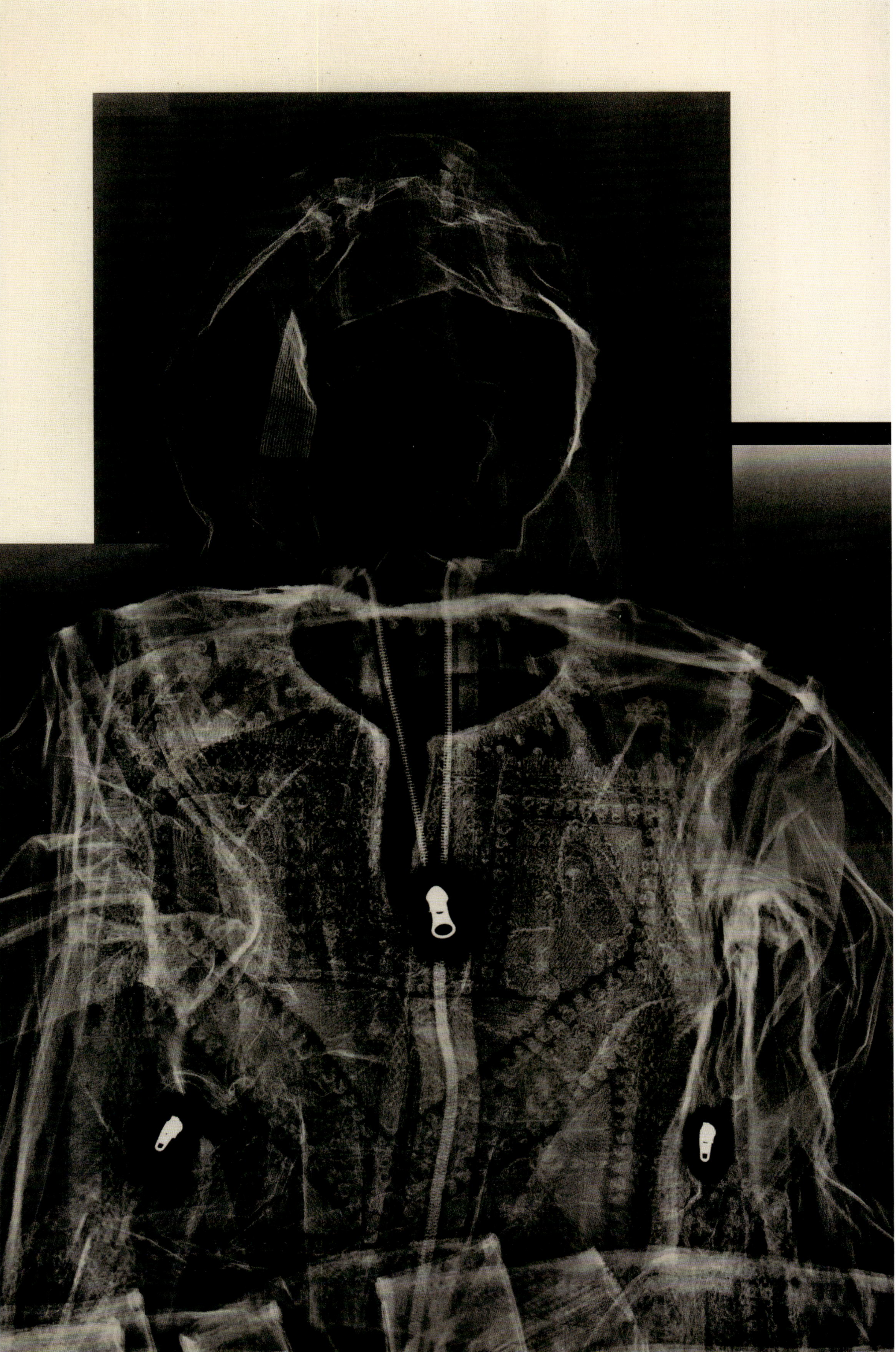

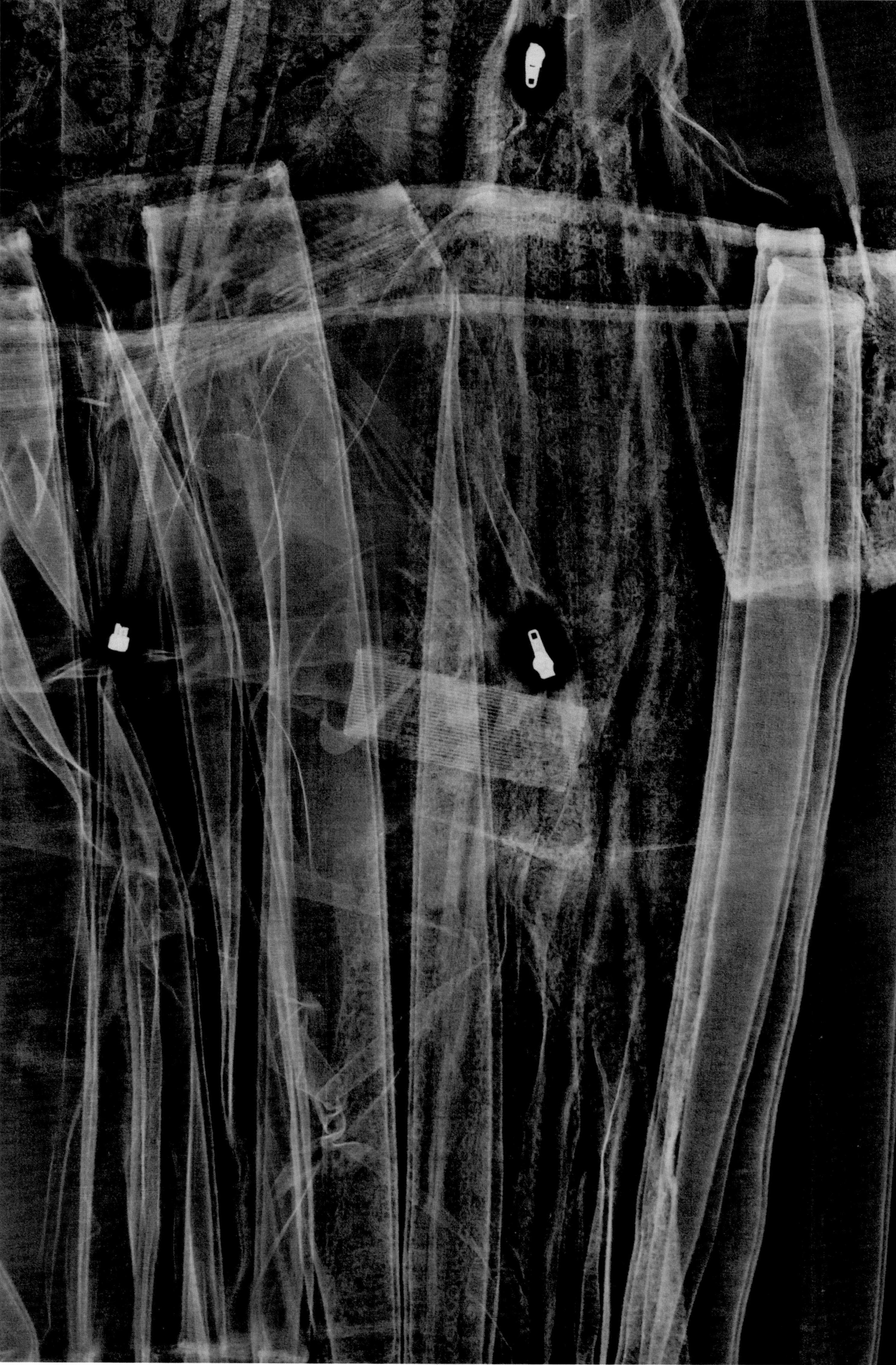

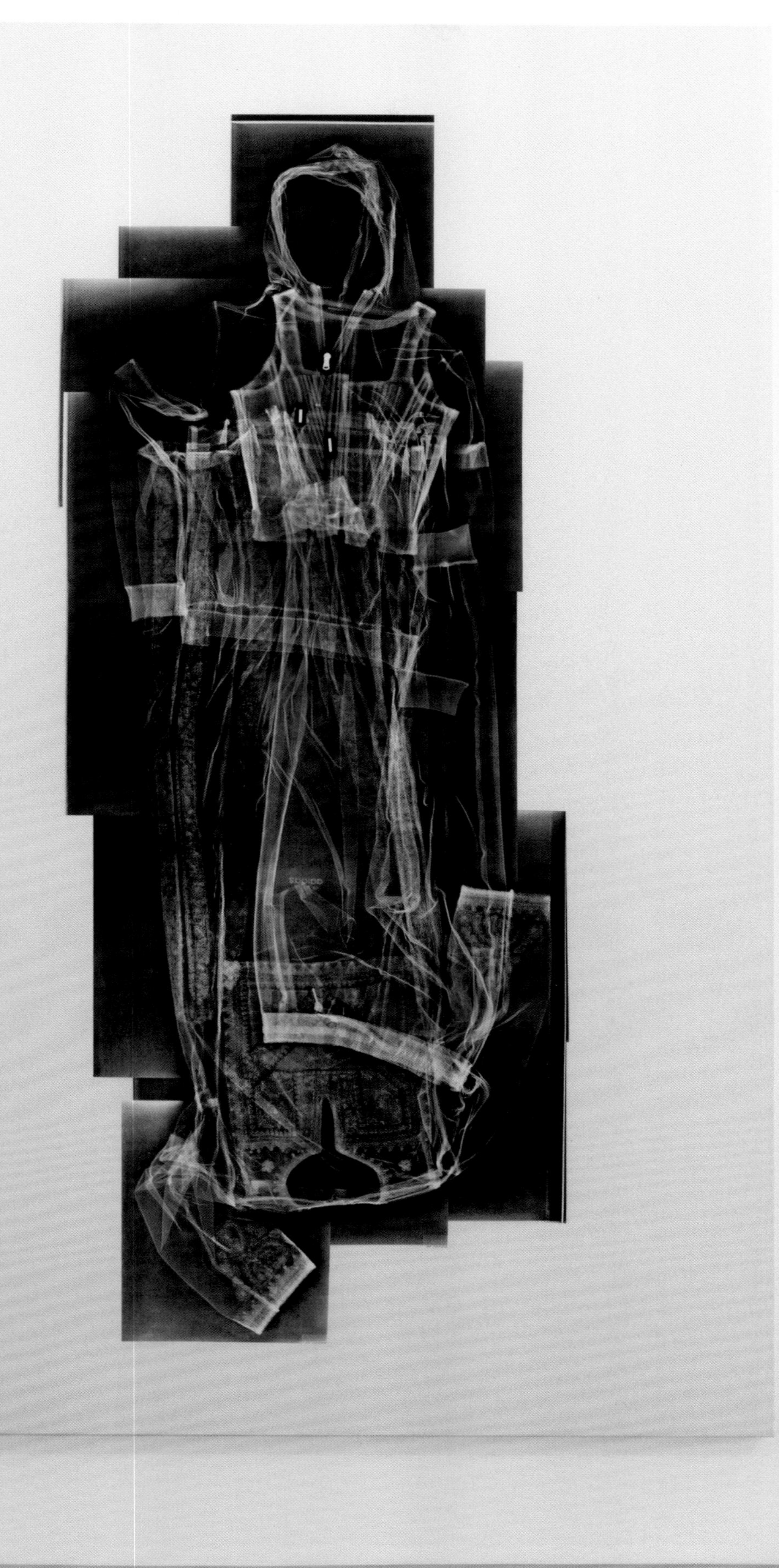

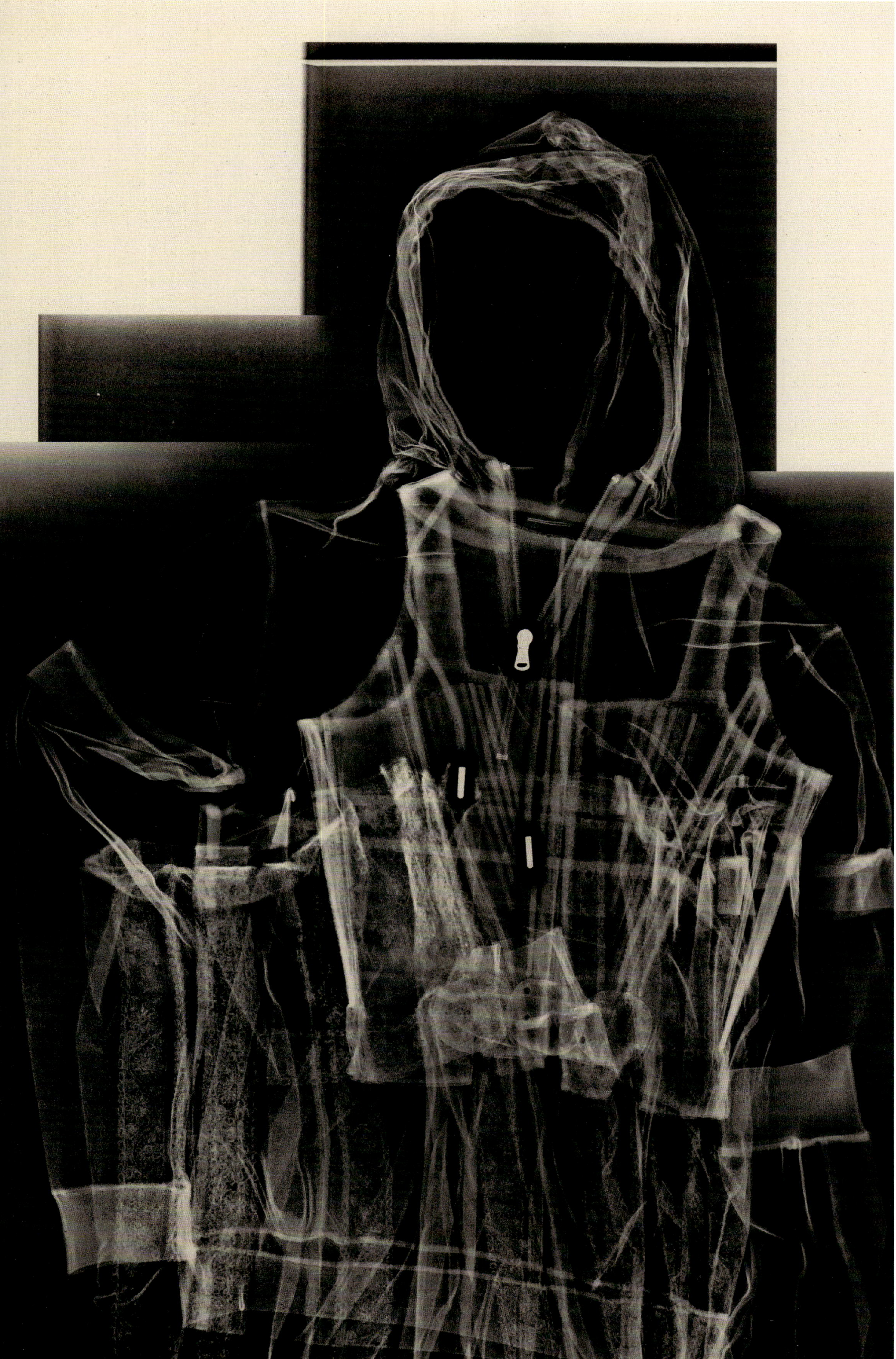

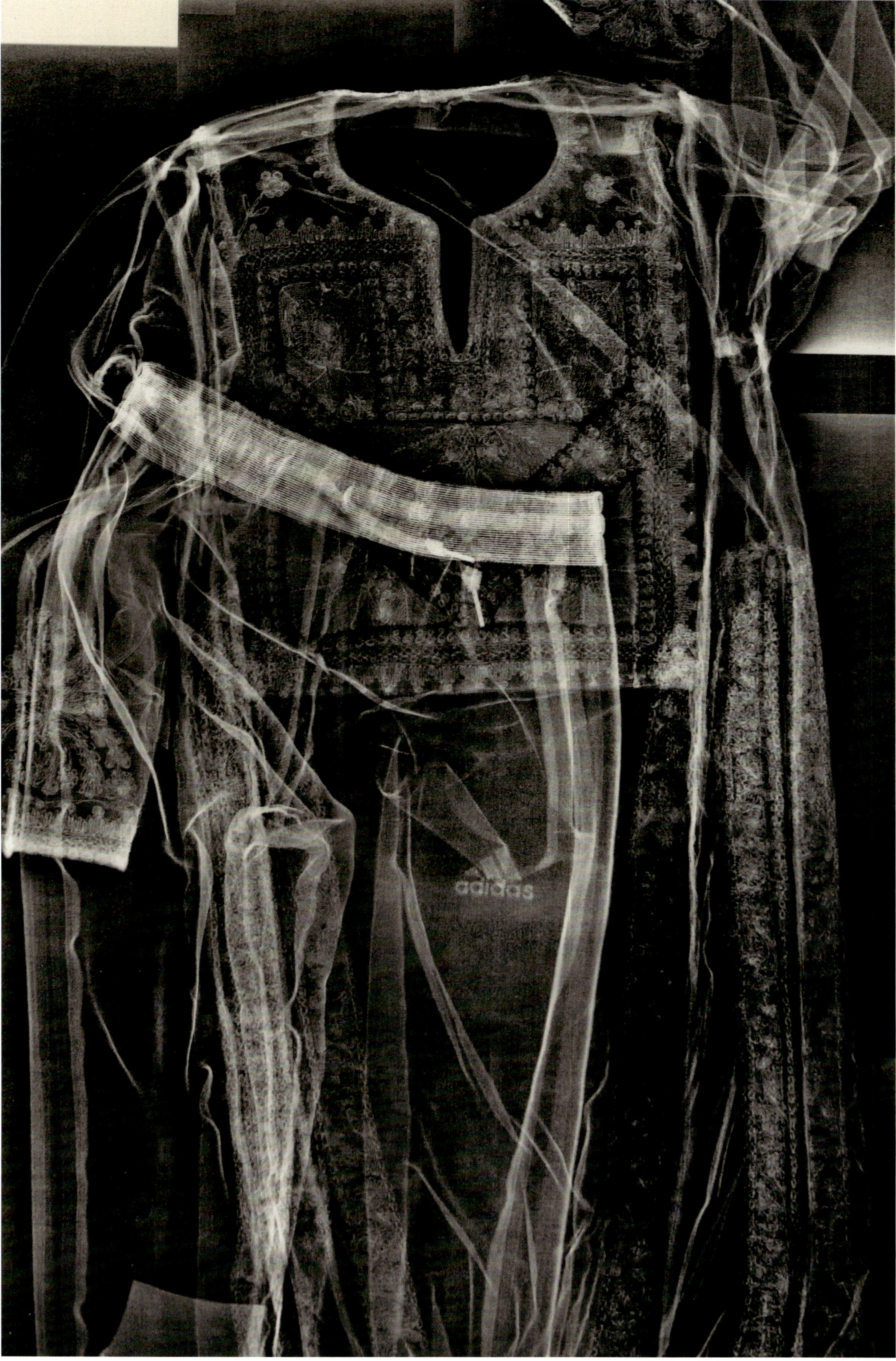
adidas

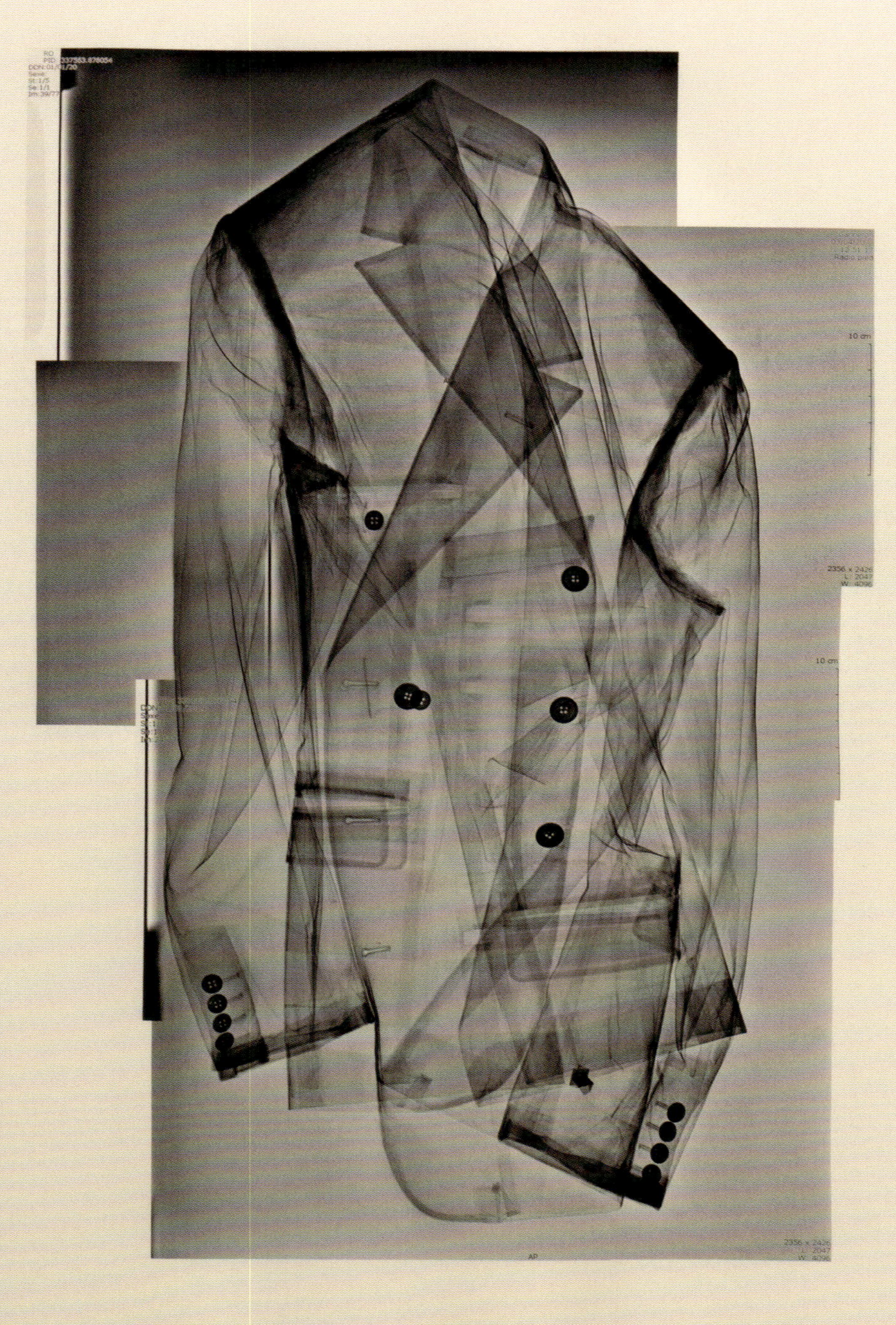

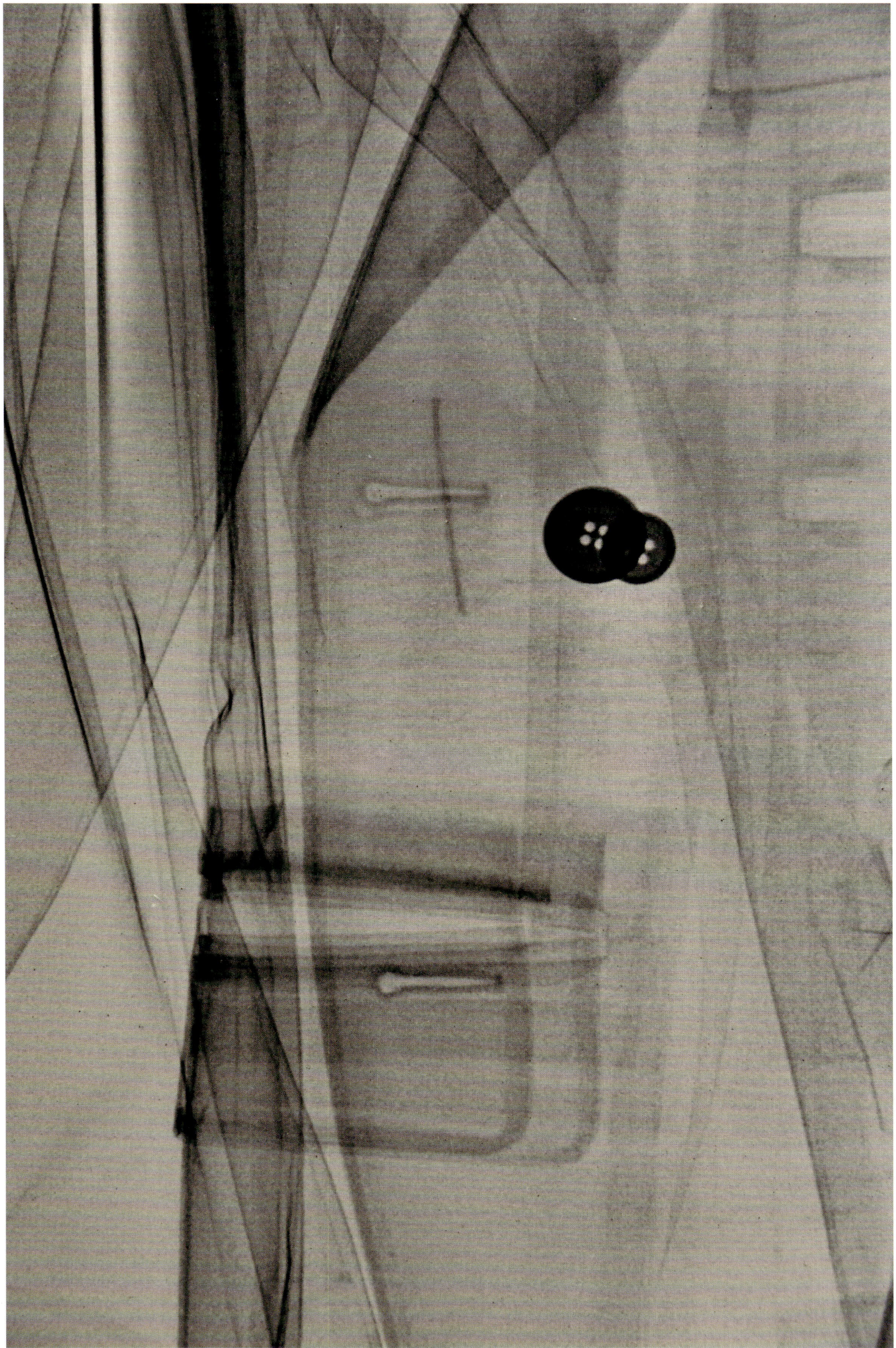

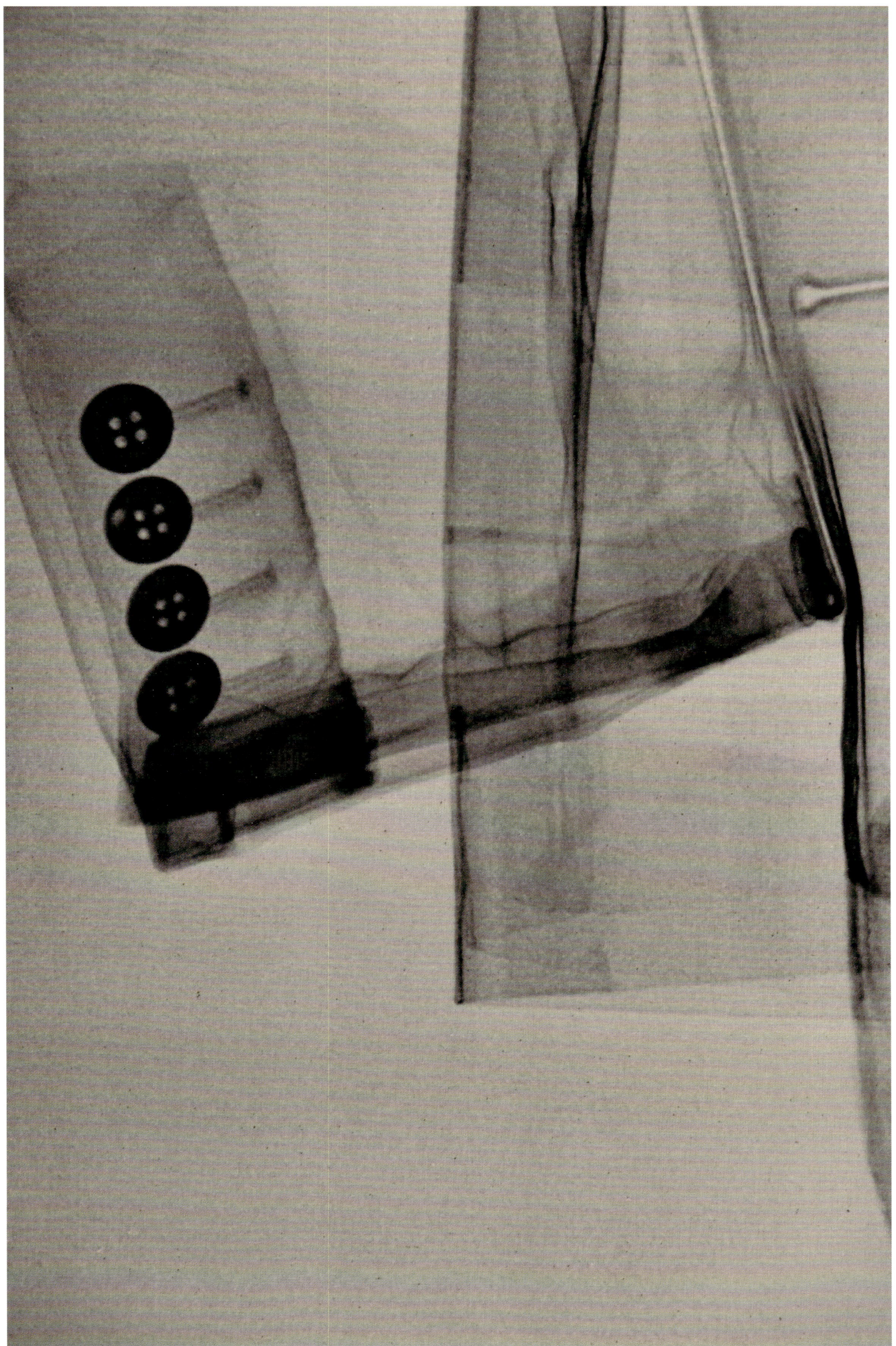

Assembled Opacity, 2020

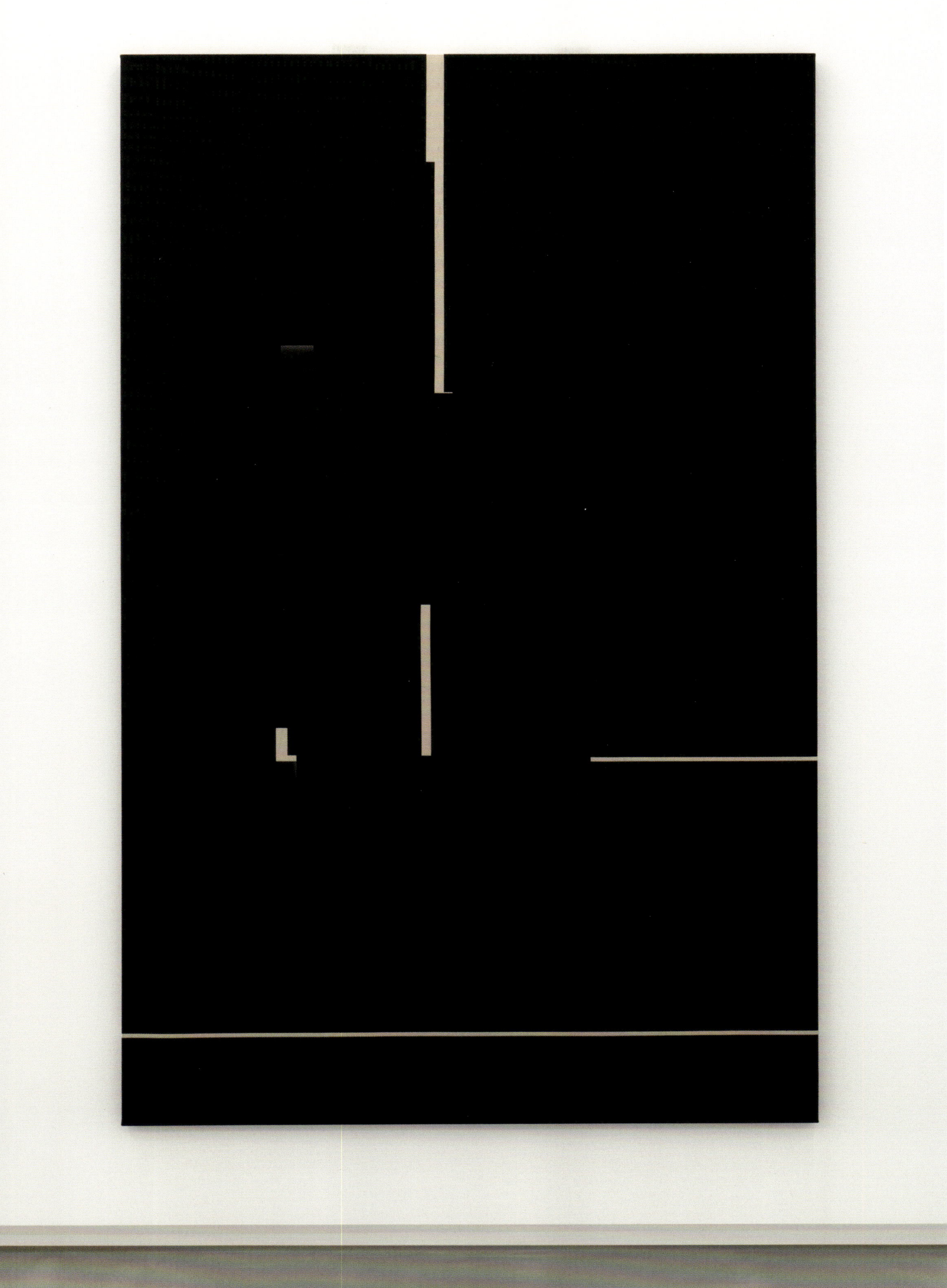

Assembled Opacity, 2020

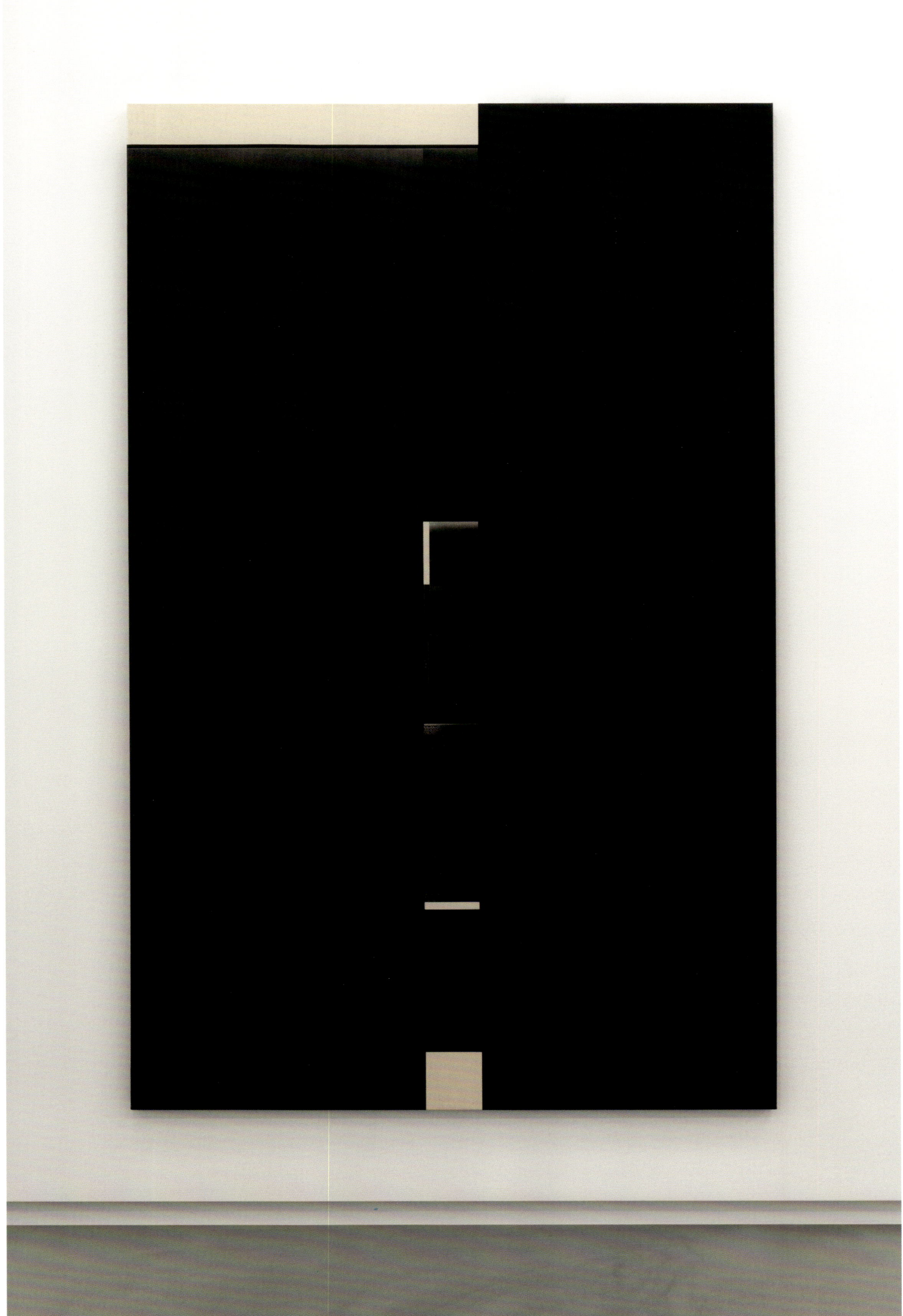

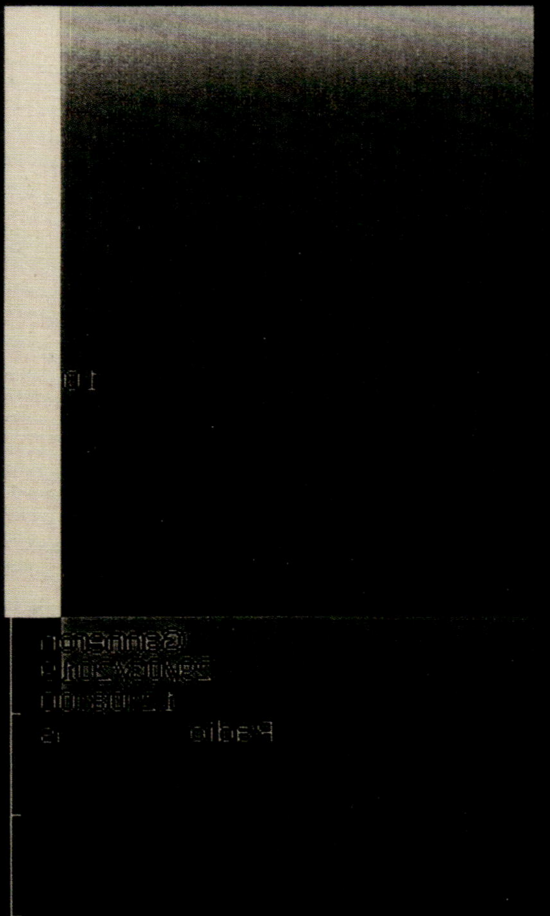
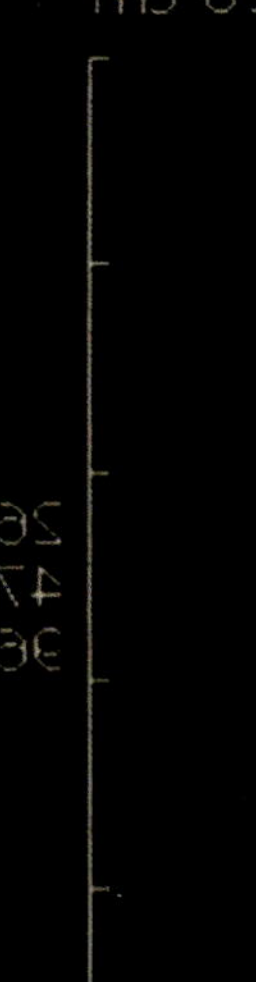

Levitating Bodies

Sara Arrhenius

A video screen rises vertically in the exhibition space, like a wall. The projection on it creates a partition, a sculpture that halts the viewer and divides the room. An endlessly slow video plays on loop, depicting a sparse and generic classroom. We see a hand dropping a pencil, a young boy balancing a chair on its back legs and falling. The hesitant pacing suspends him in the air between the floor and space. He appears to be levitating, yet he is actually falling toward the ground. The video, *The Fall* (2020) by Tarik Kiswanson, has captured and prolonged the boy's moment in flight as he appears to hang over a precipice, outside of time. The boy exists in a perpetual present, beyond the physical limitations of his body.

Levitation, the idea of a body hovering, recurs in human stories like dreams, testimonies and futuristic fantasies. It can also be found in religious mysticism, science and para-science, illusionism and, of course, art. The possibility of floating in the air—leaving the laws of physics that keep us fettered to the terrestrial—is forever appealing. There are innumerable examples in art but let us dwell for a moment on one of the most famous: Yves Klein's *Leap into the Void* (1960). This photo montage from 1960 shows the artist in the process of throwing himself off a building and flying through the air. Klein maintained that the image was the reenactment of an actual event, which showed that he, a "painter of space," could travel through air. To celebrate this unlikely occurrence, he issued a publication about the event that he distributed on the streets of Paris. In a sense, air was Yves Klein's primary element. When he was very young, reclining on a beach in the south of France, he divided the world with the artist Arman and poet Claude Pascal. Arman claimed earth and Pascal words. Klein claimed heaven and signed it with a gesture in the air, as if it were a work of art. He dreamed of Air Architecture in which humans would be transformed into creatures of air; weightless beings that could soar, liberated from the shackles of *materia* and be shot into the future like air projectiles, without physical weight. Six years later Bruce Nauman made a laconic and somewhat acerbic comment on Yves Klein's high-minded flight. In his work *Failing to Levitate in the Studio* (1966), also a photo montage, the artist's attempt to elevate his body results in a hard fall onto the paint-spattered studio floor. The picture of his body, stretched out between two simple chairs, is double exposed onto a photograph where he is uncomfortably compressed on the floor. The work is a rude reminder of the futility of dreams of soaring and the inescapable weight of the body. But it also shows, which is highly relevant to Kiswanson's searching and dynamic art, how artistic work is a constant process of testing. Nauman made attempt after attempt in the studio, often being rudely thrown to the floor in the process — yet the knowledge extracted from the process of testing is as important as the work itself.

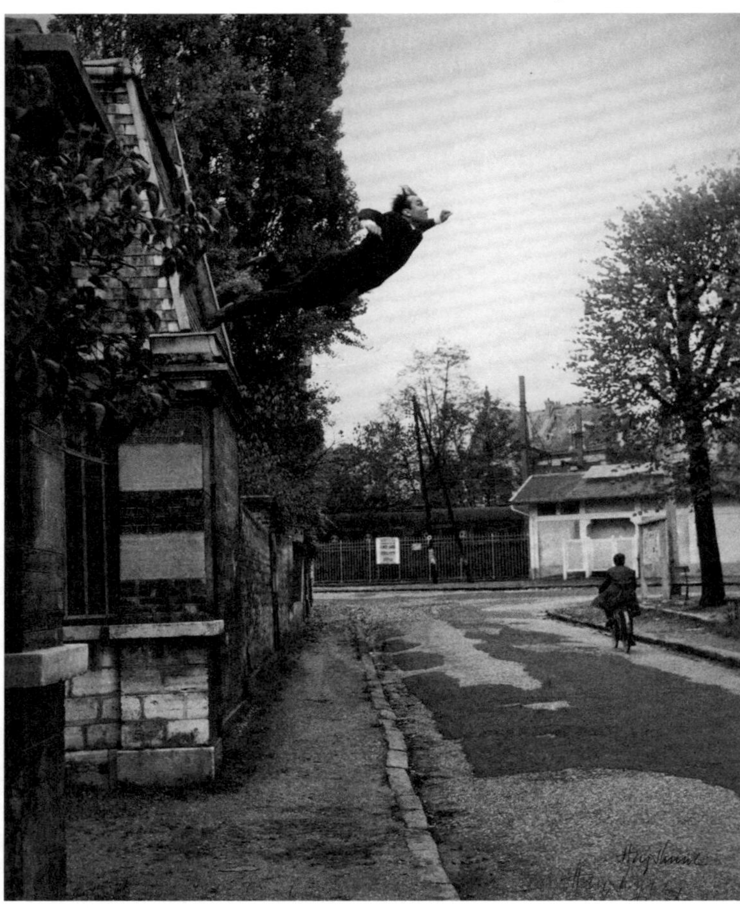

János Kender and Harry Shunk
Yves Klein's "Saut dans le Vide," [Leap into the Void], Fontenay-aux-roses, France, 1960 October 23. Harry Shunk and Shunk-Kender Photographs, Getty Research Institute, Los Angeles (2014.R.20) Photo: Shunk-Kender © J. Paul Getty Trust / Succession Yves Klein by SIAE 2022

Could one trace a line through the sky from the levitating artist in 1960 Paris to the young boy floating in *The Fall* sixty years later? Klein's levitation is in many ways an expression of that era's utopian fantasy of art and of the artist's constant expansion to new territories. An artistic expansion, that more or less consciously carries its era's worldview as a natural possession that can be captured and used. The story of Klein lying on the beach together with his friends Arman and Pascal, dividing the world between themselves in a manner at once arbitrary, self-righteous and playful may be anecdotal yet it is nonetheless emblematic of its time and the notion of man's—the Western male's—plentiful operating space. The main character in Kiswanson's work operates in an entirely different realm in a different time. The work doesn't portray a confident artist, but a young boy. The sparse look of the room and the clock on the wall signals the authoritarian and suffocating discipline of an educational system. The boy's balancing act on the chair shows his only way out of a repressive and alienating situation. Kiswanson turns the camera away from Klein's emancipated artist's ego, the self-evident center of its own universe. Instead, the camera sees a child of North African descent, whose family has made their way from Morocco to Brussels. A life lived amid the fallout of modern colonization, migrations, and severed family ties. A geopolitical order that is also the historical prologue to and the base for the playing field that Klein so elegantly moves across. The child falling backward off the chair is not Klein's self-assured projectile headed into the future. The fall backwards, in which the boy never reaches the ground but remains hovering in a slow present, is rather a possible escape from a context that defines and thus limits him. A fall into a floating, uncertain condition outside of time, without a certain future and without a common past. It is in this condition and contemporary reality that Kiswanson's art operates.

Darkness and Light

In Kiswanson's work, the swings of the pendulum—from light to darkness, from transparency to opacity and back again—are fraught with meaning. A motion passing through that which we can say and show, to that which evades the gaze and hides, unspoken and secret, in shadows and darkness. He uses an X-ray camera to depict garments: exquisite antique gowns from the Middle East; his mother's traditional Palestinian dresses, homemade and passed down through generations; ancient Swedish folk costumes from museum collections; his own clothes; our contemporary every-day wear worn by youth the world over, sportswear from global athletic brands available everywhere. He transfers the X-ray images to cotton fabric, which is then stretched and hung vertically on the wall like large tapestries that he sometimes also embroiders. When shone through, the clothes have a strangely corporeal quality, as if they still enveloped live flesh and bone. At the same time, they appear, in line with early notions of the X-ray camera's ability to see the human soul, to lay bare something beyond the physical. They appear filled with a spiritual essence that makes the clothes hover, ghostlike. The historical and contemporary garments, overlaid, in folds, on top of one another, become like layers of the history of a person, a family, an epoch. The historical costumes, the inherited garments from Kiswanson's family, the local folk costumes, and his own contemporary clothes become interwoven, creating an encompassing weave—a textile time capsule—that seeks to say something about the larger context of humanity over the span of half a century. It tells of the living conditions, the need for protection, warmth, social belonging, that tie us all together, regardless of if we are wearing track pants sewn in an Asian factory or a handmade dress that dates back centuries.

Kiswanson uses the penetrative gaze of the X-ray to attempt to see through the innermost secrets of these clothes. But in truth there is nothing more to the images than the varying density of the textiles, matter-of-factly registered by the X-ray camera. We don't know what we are looking at. Is it the souls of these garments that we become aware of in the X-ray plates, like an eerie hint of a disembodied form? Knowledge of how the clothes is embroidered is passed down orally and will thus

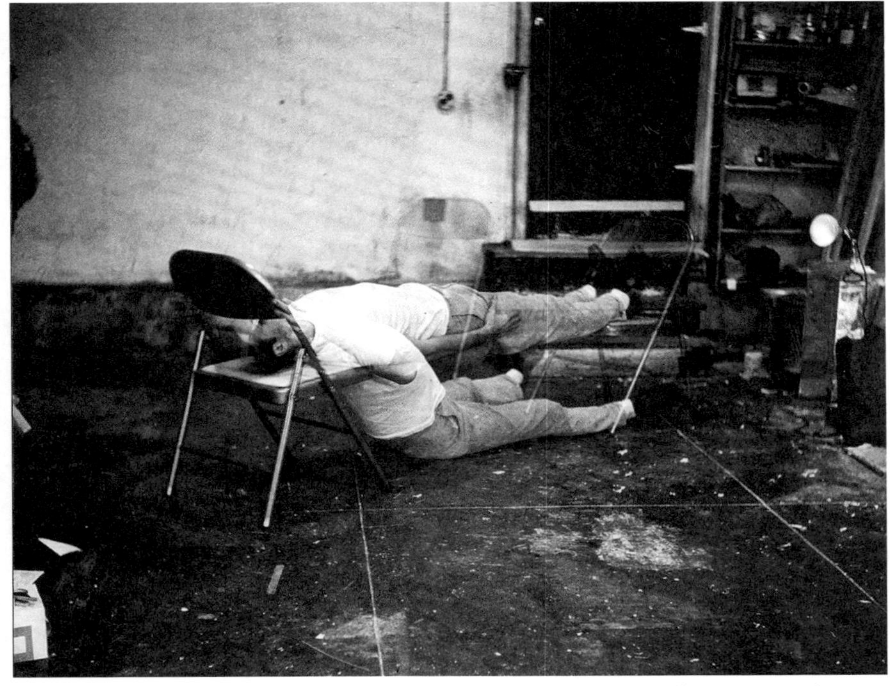

Bruce Nauman
Failing to Levitate in the Studio, 1966
Black and white photograph,
50.8 × 61 cm
Collection of the artist,
courtesy Sperone
Westwater, New York
Photo: © Bruce Nauman
by SIAE 2022

be forgotten once they are no longer in use. The body's memory of the weight of the clothes, their touch and warmth can only be experienced sensorially by the body, it cannot be transposed onto an image. The memories that the clothes carry register only as an absence. They testify to that which cannot be told, only experienced. The transillumination of the X-ray searches for answers. It moves across the garments like a search light, looking for forgotten memories. But the answer cannot be found through transillumination. The secrets lie in the opacity, they lurk in the density; the folds and shadows shelter them from questions and the gaze.

As is often the case in Kiswanson's work, his textile pieces testify to that which one can never experience directly. A family history forgotten, or repressed because it is painful to recount, people and places lost. This is an experience that he can only approach indirectly, for instance through the X-rays of various clothes that, when transposed onto textile, form a mysterious archive of the memory of the human bodies who once inhabited them. An archive that allows their personal memories to become interwoven, creating a common body of human experience across time, culture and space.

The same play with light and darkness, only reversed, can be found in the images that Kiswanson creates with charcoal. He uses a special technique that, like many of his works, involves a slow, reflective, almost meditative process. Using a charcoal stick and a paintbrush, the coal-black powder is applied to the white paper in layers, creating shapes and figures. Much like the X-rays, these dark figures have a ghost-like quality. The shapes of the coal pigmentation are like apparitions, hidden and invisible inside the white paper. It is as if the stroke of the paintbrush coaxes them out and renders them visible—not because of the light, but on the contrary, due to the blackness of the pigmentation. In their exquisite lightness the drawings are like events long past, difficult for memory to conquer, or like recurring dreams that relentlessly pursue you during sleep, time and again. Recurring figures from the artist's personal iconography appear— the child and the oval—figures that are also found in his videos, sculptures, texts and performance. The body of the child in the charcoal drawings is reduced and generalized, more of a sign of its time and condition in someone's life than a specific person. The face and body are at once suggested and present, resulting in an elusive and distant figure that has been precisely captured by the blackness of the charcoal dust. In the image's foreground, a hand appears pressed against a glass pane – a barrier that encloses. At the same time the hand appears to be raised in protection against the world and the light. The child shown in these drawings expresses, much like the child in *The Fall*, a striking vulnerability. A palpable aura of fear and defenselessness surrounds his body. But it does not merely radiate a childish lack of protection, it also possesses a palpable power and presence. The child feels like a visitor from another dimension, in motion and soon on his way somewhere else. Like a hopeful omen that visits us briefly in our dreams and quickly disappears again, lingering as a hint of possibilities once we are awake. The drawings also depict the oval cocoon shape familiar from *Nest,* Kiswanson's suspended sculptures that are reminiscent of butterfly pupa, as well as floating seeds. In the drawings, the surface of the oval shape is more porous and undefined. It appears to have a soft organic material that sometimes cover a seed that needs help sprouting and taking root. But the dissolved, diffuse shape also brings to mind cosmic light phenomena. The oval is like a cloud or an energy cluster, a group of particles held together by an invisible force that dissolve and become invisible again once the force abates. The charcoal drawings, like the X-rays, contain darkness and light. But here there is also, as in the photos, an abstraction, a gradual simplification that creates specificity and clarity. In the X-ray images the clothes are stripped of many of their textile qualities, their colors and patterns and are rendered simply as light and darkness. It is as if the artist, through simplification and abstraction, is searching for something fundamental and basic in life that will emerge when individual, temporary, geographic, cultural, and temporal aspects have been stripped away.

Processing material and objects appears to be a way for Kiswanson to get them to open up to us, revealing lost memories, places where one can no longer return, people who are no longer alive. His early works are, to a large extent, a processing of his own family history. A way to access events in the past that he has not been able to understand or learn anything about. He casts objects from his family's past in blocks of transparent resin. He magnifies details in old family photographs, which he then cuts in thin reflective sheet metal, layers, and weaves into reliefs that are then hung on the wall. But the work is not a reconstruction of a clear history with a chronology and a defined cast of characters. As with the X-rays, the main story told by the metal reliefs is really the impossibility of capturing the past and the experience of loss and emptiness.

Kiswanson's family fled Palestine for Sweden in the late 1970s. He was born and grew up in Halmstad, where his family settled and made a life for themselves. Diaspora, loss of home, and the rupture of family history characterize his work, which carries a patina of pain and rootlessness. The processing of objects like clothes, household items and photos can be read as "grief work," an attempt to decipher things that he himself does not have any memory of. Likewise, polishing materials becomes an introspective and meditative process that gestures towards a mirroring of self. Working the metal surfaces, removing its dark hue to render it light and reflective, becomes a counter movement to the coal drawings where black is applied in layers, rather than removed. The processing and shaping of a material, or the drawing of a picture becomes a way of seeking to articulate his own context and his own narrative. A narrative that – like those of many in his generation of second-generation immigrants – expresses a rootlessness that cannot be connected to

the personal experience of being a refugee, or homeless, but rather to a more elusive
and diffuse experience of a loss of belonging and intergenerational trauma.

In terms of art history, Kiswanson's art can be seen as part of the development of
sculpture since the late 1960s when Postminimalism expanded the field. Sculpture
came to move across a broad range of disciplines that included process-oriented and
heterogenous approaches. Performance, moving image, sound, and text became
part of sculptural expression. Kiswanson's art bears traces of Eva Hesse's sensitive

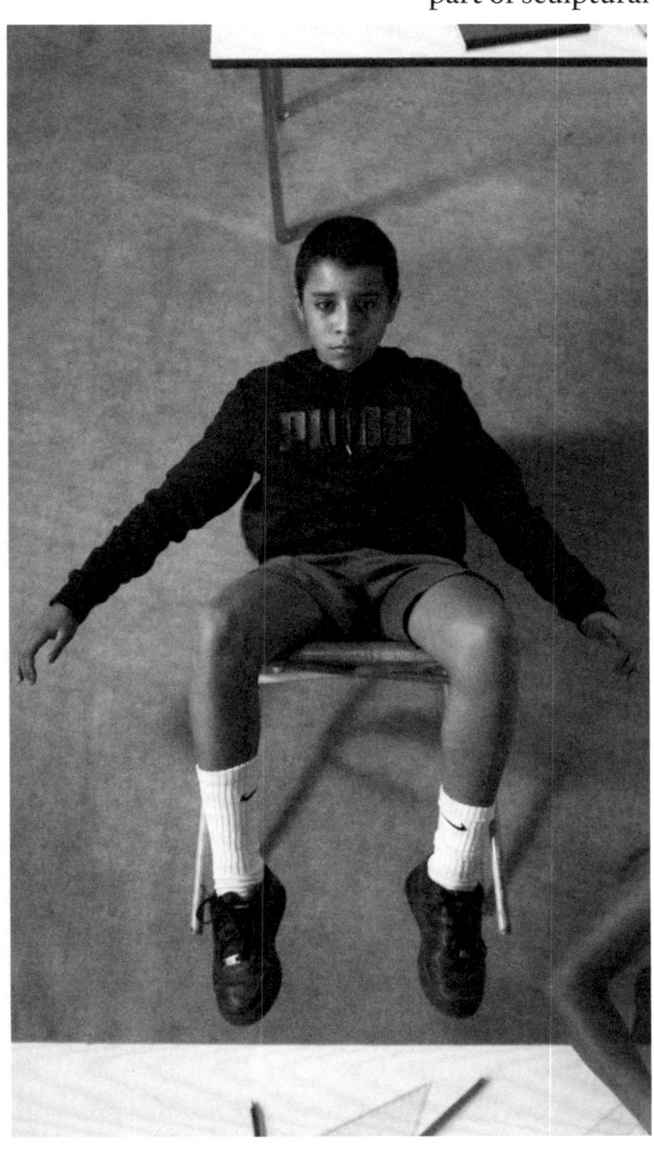

Tarik Kiswanson,
The Fall, 2020
Film, color, 9'42"
Courtesy the artist

materiality, Vito Acconci's expansion of architecture to a psychodynamic performance
work, or Dan Graham's work with the cognitive experience of space as sculpture.
Kiswanson's art is an example of how that experience has developed further in
contemporary sculpture, into a hybrid practice in which sculpture and installation are
in conversation with an increasingly broad field of artistic expressions adjacent to
film, sonic practices, and writing. The open and flexible attitude is one of the most
striking aspects of Kiswanson's art. A constant dislocation and translation occur
between different materials, different ways of portraying, different places and emo-
tional states. This dynamism and these dislocations also give rise to a wealth of
expressions and portrayals. His art is like a constant quest for which material or ren-
dering might carry the experience or the expression he wants to convey. The testing
of various forms and materials is driven by inherent necessity, rather than by a desire
to conquer a specific technique or develop an artistic signature that can be repeated.
It is a quest that gives Kiswanson's work an unusually multifaceted, complex and
nimble artistic register.

The intertwining and blurring of various forms of portrayal, materialities
and expression create an unusual and strong dynamic in Kiswanson's sensitive and
expressive works. His exceptionally multifaceted art moves from drawing, sculpture
and installation to video, sound, performance and text. Taken together, these
form a diverse and expansive weave in which every part is necessary to portray difficult
and complex experiences. His work lets the viewer experience strong alienation,
loneliness, and rootlessness. At the same time, he also gives us vertiginous beauty,
poetic expanse and the experience of freedom of movement.

Cut sheet metal recurs in several of Kiswanson's works. He uses it in wall works where the metal both reflects and creates a relief and hangs it from the ceiling like curtains. Reflective strips can be set in motion to create new shapes, reflections, and games with the viewer's body and the light in the exhibition space. In the play with opposites and transformations—hard surfaces that become soft, the translucent that becomes opaque, fabric contrasted with metal, stillness with movement—a third, ambivalent condition emerges: one that defies simple dichotomies and exclusive categorizations. The transformation of the materials—like the hard metal that can become soft and malleable—tells us that not everything needs to be the same anymore. Existence expands and transforms into something else, as when the young boy in *The Fall* hovers without being struck to the ground by gravity. He exists, like many of the artist's works, in transit between different states. A movement that, when it returns in work after work, puts the viewer in a similar condition. Life changes, we move, nothing is truly certain.

The levitating boy floating in space exists outside the physical realm we normally inhabit. The realm that abides by the laws of gravity. Although of course, he is only there for an instant, a moment that the video prolongs and invites the viewer to share. This weightless space outside the confines of natural laws recurs in Kiswanson's art. He displays the X-rayed garments vertically so that they appear to float in space. In the exhibition at Hallands Konstmuseum he shows a collage of an old engraving that depicts a shipwreck, but he turns the image so that the boat appears to be floating upward, against all odds. The age of the engraving serves as a reminder that migration is not a new phenomenon; it has always been part of the human condition.

The experience of space also plays a crucial role in Kiswanson's art. To create spatial experiences he uses enigmatic sculptural installations to build concrete physical spaces in which we, the viewers, can dwell. These encompass the entire room, making the viewer part of a holistic experience. This is also due to how he has shaped the architecture of the exhibition—how sound, image, and movement work together in positioning the work. The placement of the works in the room becomes a crucial gesture; it activates and electrifies the empty spaces, imbuing them with meaning. The position of the work also brings the position of the viewer to the fore: Who is looking and from where is the gaze coming? This displacement of the viewer's position and the scale of the room becomes even more striking when he hangs his works very low or very high, which emphasizes and makes visible the qualities of the art spaces.

The artist recreates the exhibition space by letting different forms of expression and materials interact. His is a total work of art that activates all senses. He destabilizes the scale and orientation of the space by placing the works in a manner that blurs the boundary between his art and the architecture of the exhibition spaces. His art creates a new and strange world into which we, the viewers, are invited. In it we lose ourselves for a moment, and experience the feeling of being unmoored in the world: a root chord in Kiswanson's art. We become aware that the rootlessness he conveys isn't just his own personal experience, but a general condition during a time in which so much seems to be falling apart and we are unsure of what future we are facing.

Another prominent theme in Kiswanson's art is to create a sort of protective space, places in which you can shelter from the world. In his art there are often references to nests, burrows and dens: spaces for those who have arrived from far away, touched down and need to make themself a sanctuary. He integrates shelters into the exhibition architecture, create rooms within rooms through metal curtains that enclose the viewer; he returns to images of ships traveling across stormy waters. A focal point in these themes, and in his artistic practice, is the ongoing series of sculptural objects entitled *Nest*. Large painted objects made from fiberglass and resin, their oblong shape brings to mind insect eggs, butterfly chrysalises, or vessels. These shapes can also be found in his drawings. Kiswanson lets the objects become part of the architecture by painting them the same color as the walls of the room. Much like the boy in *The Fall,* they appear to float in space. At the same time, they are a kind of outgrowth of the walls, an oddly organic architecture. They contain the possibility of floating away and leaving us. But they also contain the possibility of staying, a seed that might take root if given the right kind of soil to grow. As always in Kiswanson's art, *Nest* engenders a strong sense of ambivalence. One does not know precisely what they are looking at, which opens up chains of interpretation and new experiences that lend these sculptures a powerful charge. They are ambiguous objects full of possibility and layers of reference, but also a visual experience that carries the shock of cognitive dissonance. We are not able to fully interpret what we are seeing.

The spaces that the artist creates with his sculptural objects oscillate between architecture and sculpture, between the artificial and the organic. In the distilled spatial experience there is also a link to the reduction visible in, for instance, his X-ray images. By giving the viewer a pared-down total experience of the room in which architecture and art blurs together in an immersive and cohesive environment, Kiswanson appears to want to peel away all the static and distraction that gets in the way of the possibility of comprehending the very foundational structure of existence, its ontology.

The multidimensional quality of the artist's work expands further when he adds performance to the sculptures to activate them in various ways. This can mean setting hanging sculptures made from metal strips in motion, or having children dressed in costumes with prints from the X-rayed clothes move through the works in a choreographed manner. The presence of the children creates a dislocation of vantage points and changes the position of the center and periphery of the space. It is a dislocation that also makes the observer aware of their own presence and how their body relates to both the works and the other bodies in the room. The sculptures become inscribed in the narrative of the choreography imbuing them with new meanings. As observers we become aware of both the children's bodies and our own, how they and we move in the space, how we relate to each other. The installation as a whole is imbued with a before and an after—a history and a future. When the children aren't there, the memory of their movement is inscribed in the room. When they are there, the presence of their bodies breaks the silence of the materials. Just as in the multilayered encounter between different materials and forms of expression in Kiswanson's work, the presence and movement of their bodies introduce a heterogeneity into the space that further destabilizes it. His art breaks down categories and definitions that we take for granted to create new worlds filled with new narratives and meanings.

Rootless Bodies

Kiswanson was accepted at a very young age to the prestigious Central Saint Martins, University of the Arts, and subsequently left his native Halmstad for London. A few years later he completed his education at the École des Beaux-Arts in Paris. His unique and distinctive work has resonated with a larger art world and is today shown at significant institutions and galleries across the world. Sweden has been oddly silent about his art and until now he has never exhibited in his hometown of Halmstad. I first encountered his work at a gallery in Berlin and we met for the first time a year or so later in Paris at his exhibition at the Centre Pompidou, where I also had the opportunity to see his sculptures activated in a performance. Before writing this text I traveled to Halmstad on a rainy October day to see the museum and better understand the context in which Tarik Kiswanson grew up. When we met at the art museum, he told me that it was an important place for him as a child—it was a window to another world and to art as a possible occupation. When we walked toward the train station along the rainy dock I asked what he used to do here when he was younger. He answered quickly, perhaps too quickly: "I was home drawing a lot, that was the main thing that existed here for me, then I left to London and started art school." A step out into the world that has made him one of the most celebrated artists to ever hail from Halmstad. Something that his hometown hasn't acknowledged and incorporated into its local art history until now.

The children who populate Kiswanson's work have their own histories and lives. But there is still an important connection here. They all also carry his narrative of the diaspora of our time. Children with roots in other parts of the world who grow up to become grown individuals in various cities in Sweden and Europe. They share the experience of coming from families torn up by the roots and a history that floats as freely as the X-rayed dresses from Kiswanson's mother's family, the hovering boy in *The Fall,* or the seemingly levitating cocoon-shaped sculptures attached to the wall. These children are marked by existing in a context and society that does not open itself to them and does not want to allow a heterogenous cultural heritage with its many voices and expressions. Here I see the reflective surfaces in Kiswanson's art as a call to the viewer to see not just their mirror image but also to dare to see themselves. Here is an opportunity to understand how displaying unconditional hospitality can offer a home and a voice to the children who, like the boy in Kiswanson's video, float in a space without steady ground or a sense of belonging. To dare to see that belonging to a place can only be created if a person has the capacity to take up space and express themselves, thereby becoming part of a larger context.

Body and Abstraction

By adding performance to his sculptural installations Kiswanson creates yet another dimension in his works with a powerful sensory and physical articulation. The bodies are irrefutably there and cannot be denied. The bodies that appear in his work, young people whose place of belonging isn't a given but must always be negotiated, clearly links this to the subject of migration that is central to his work, like in the sculptures of the cocoons that can be seen as seeds or seed capsules that are spread in the wind, or his fascination with shipwrecks and journeys by boat across dark waters. Much like the cocoons or the seeds, the boats become a symbol of movement and migration. The vulnerability and defenselessness that can be perceived in the young bodies in his performance have a counterpart in his charcoal drawings. In those, hands are depicted pressing against a semitransparent membrane; they appear caught in another dimension that we cannot reach. Kiswanson's new works contain a drift from narration to abstraction. From the close contexts of his family history and objects as a loaded primary subject, he moves toward the more generally existential. When he juxtaposes his mother's inherited traditional clothing with folk costumes from Halland and contemporary leisure wear he appears to be looking for what unites us all. Shapes and expressions that wander and reappear through cultures, places, epochs. Feelings and experiences that affect us all regardless of who we are. A quest that leads him closer to the body, its senses, its movements and their physical abilities or limitations. It is as if, in X-raying clothes, he is shining a light through our bodies, looking for our smallest common denominator, the code that shapes us. He is shining a light not only on our bodies but also our language, the objects we shape and how we relate to one another, how all human experience is grounded in our body and is an inescapable part of it. The same seeking for common shapes can be seen in *Nest*, whose abstract oblong sphere appears archetypal and recurs in the origin of all life forms as egg, seed or chrysalis. A capsule that carries life and is our smallest common denominator. It is as if Tarik Kiswanson wants to tell us that we all have experiences that can be shared. Experiences that are not bound to a specific place, time, or culture. Experiences that move across the world and which can seed themselves wherever we give them space to sprout and take root.

Sara Arrhenius

Svävande kroppar

En videoskärm reser sig vertikalt i rummet som en vägg. Projektionen skapar en
avbalkning, en stod som stoppar betraktaren och delar rummet. På skärmen loopar
en oändligt långsam film som utspelar sig i ett avskalat och generiskt klassrum.
Vi ser en hand som tappar en blyertspenna, en ung pojke som gungar bakåt på en stol
och långsamt faller. Det dröjande tempot låter honom hänga i luften mellan golv och
luftrum. Det ser ut som han svävar när han egentligen faller mot marken. Filmen
The Fall, av Tarik Kiswanson, har fångat och förlängt det ögonblick när han flyger
och tycks hänga över en avgrund utanför tiden. Pojken befinner sig i ett evigt nu
utanför kroppens fysiska begränsningar.
　　　Levitering, möjligheten för kroppar att sväva, återkommer i människans berät-
telser som en dröm, ett vittnesbörd och en framtidsfantasi. Vi hittar den i religiös
mystik, vetenskap och paravetenskap, illusionism och förstås i konsten. Möjligheten
för vår kropp att lämna de fysiska begränsningar som håller oss fjättrade vid det
jordiska och i stället sväva är ständigt lockande. I konsten finns ett otal exempel, men
låt oss stanna ett ögonblick vid ett av de mest omtalade: Yves Kleins Steget ut i ingen-
tinget. Det är ett fotomontage från 1960, som visar konstnären i färd med att kasta
sig ut från en byggnad och flyga genom luften. Yves Klein hävdade bestämt att bilden
var en rekapitulering av en verklig händelse som visade att han som en ”luftmän-
niska” kunde röra sig i rymden. För att fira detta osannolika gav han ut en tidning
om händelsen som han spred på Paris gator. Så var luften Yves Kleins främsta element.
Som mycket ung, utsträckt på en strand i södra Frankrike, delade han tillsammans med
konstnären Arman och poeten Claude Pascal upp världen. Arman tog jorden och
Pascal orden. Klein tog himlen och signerade den med en gest i luften som ett konst-
verk. Han drömde om en luftarkitektur där människan förvandlats till en luftvarelse.
En människa utan tyngd som kunde sväva befriad från materiens bojor och skjutas
mot framtiden som en projektil av luft utan kroppslig tyngd. Bruce Nauman ger sex
år senare en lakonisk och lätt syrlig kommentar till Yves Kleins högstämda flygfärd.
I verket Failing to levitate in the studio, som också det är ett fotomontage, resulterar
konstnärens försök att lyfta sin kropp i ett hårt fall mot det fläckiga ateljégolvet.
Bilden av konstnärens kropp, utsträckt mellan två enkla stolar, är dubbelexponerad
mot ett fotografi av konstnärens kropp på golvet, obekvämt hoptryckt.

Verket påminner oss hårdhänt om fåfängligheten i drömmen att sväva och krop-
pens oundvikliga tyngd. Men det visar också, vilket har en stark relevans för Tarik
Kiswansons sökande och rörliga konst, hur konstnärligt arbete är ett ständigt prö-
vande. Försök efter försök i ateljén, som ofta kastar konstnären hårt i marken och
där kunskapen som utvinns i den prövande processen är lika viktig som verket i sig.

Går det att dra ett spår genom skyn från den leviterande konstnären i Paris
1960 till den unga pojken som svävar i Tarik Kiswansons verk The Fall sextio år
senare? Leviteringen i Yves Kleins verk uttrycker på många sätt sin tids utopiska
fantasi om konsten och konstnärens ständiga expansion till nya territorier.
En konstnärlig expansion, som mer eller mindre medvetet bär på sin tids bild av värl-
den, som något som självklart tillhör en och som kan intas och brukas. Berättelsen
om Klein som ligger på stranden tillsammans med vännerna Arman och Pascal
och på en gång egenmäktigt och lekfullt delar upp världen mellan sig må vara anek-
dotisk. Men den är även som sådan talande för den tidens föreställning om människ-
ans – läs den västerländska mannens – vida manövreringsutrymme.
Huvudpersonen i Tarik Kiswansons verk rör sig i ett helt annat rum i en annan tid.
Verket visar inte en självsäker konstnär, utan en ung pojke. Rummets kala utseende
och klockan på väggen signalerar ett utbildningssystems auktoritära och kvävande
disciplinering. Pojkens balansakt på stolen visar en pojkes enda väg ur en repressiv
och alienerande situation. Tarik Kiswanson riktar kameran bort från Kleins eman-
ciperade konstnärsego, som självklart intar mitten i sitt eget universum. Istället ser
kameran ett barn med ursprung i Nordafrika, vars familj tagit sig från Marocko
till Bryssel. Ett liv som utspelar sig i konsekvenserna av modernitetens kolonisering
med folkförflyttningar och brutna familjeband. En geopolitisk ordning som också
utgör det historiska förspelet och fundamentet till den spelplan som Klein elegant
rör sig över. Barnet som faller bakåt på stolen är inte Kleins självsäkra projektil mot
framtiden. Fallet bakåt, där pojken aldrig når marken utan förblir svävande i ett
långsamt nu, blir snarare en möjlig flykt från ett sammanhang som definierar och
därmed begränsar honom. Ett fall in i ett svävande osäkert tillstånd utan tid, utan
en säker framtid och utan en gemensam historia. Det är i det tillståndet och i den
samtida verkligheten som Tarik Kiswansons konst rör sig.

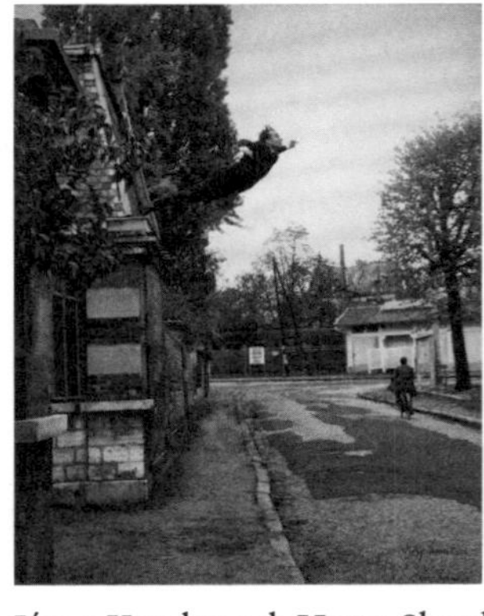

János Kender och Harry Shunk
*Yves Klein's "Saut dans le
Vide,"* Fontenay-aux-roses,
France, 1960 October 23.
Harry Shunk and Shunk-
Kender Photographs,
Getty Research Institute,
Los Angeles (2014.R.20)
Foto: Shunk-Kender
© J. Paul Getty Trust /
Succession Yves Klein by
SIAE 2022

Ljus och mörker

Det finns en betydelseladdad och pendlande rörelse från ljus till mörker,
från transparens till opacitet och tillbaka igen, i Tarik Kiswansons verk. En rörelse
som passerar genom det vi kan säga och visa till det som undflyr blicken och
som gömmer sig outsagt och hemligt i skugga och mörker. Han använder en röntgen-
kamera för att avbilda kläder: utsökta antika klänningar från Mellanöstern,
hans mammas traditionella palestinska klänningar, hemsydda och ärvda i genera-
tioner, uråldriga, museala svenska folkdräkter, hans egna kläder, vår tids vardags-
kläder som bärs av ungdomar från hela världen, träningskläder från globala
sportmärken tillgängliga överallt. Röntgenbilderna överför han till textil som
hängs vertikalt på väggen och som han ibland också bearbetar med broderi.
Genomlysta blir kläderna märkligt kroppsliga som om de fortfarande var fyllda
av levande mänskligt kött och ben. Samtidigt verkar de, som i tidiga föreställningar
om röntgenkamerans möjlighet att se människans själ, blotta något okroppsligt.
De tycks fyllda av en andlig essens som får kläderna att sväva som spöken. De histo-
riska och samtida klädesplaggen lagda omlott, i veck, ovanpå varandra blir som
lager i en människas, en familjs eller ett tidevarvs historia. De historiska dräkterna,
de ärvda plaggen från Tarik Kiswansons familj, de lokala folkdräkterna och hans
egna samtida plagg vävs samman och bildar en omfattande väv - en textil tidskapsel
- som söker säga något om människans större sammanhang över ett tidsspann
på ett halvt sekel. Den berättar om de livsvillkor, behovet av skydd, värme, social
tillhörighet, som sammanbinder oss alla, oavsett om vi bär ett par träningsbyxor
sydda i en fabrik i Asien eller en handgjord klänning med anor flera hundra år till-
baka i tiden.

Med hjälp av röntgenkamerans genomträngande blick söker Tarik Kiswanson
genomskåda klädernas innersta hemligheter. Men egentligen finns i bilderna
ingenting mer än textiliernas varierande täthet som röntgenkameran sakligt registre-
rar. Vi vet inte vad vi ser. Är det klädernas själar, som vi varseblir i röntgenplå-
tarna som en kuslig aning av en kropp utan kropp? Kunskap om hur kläderna

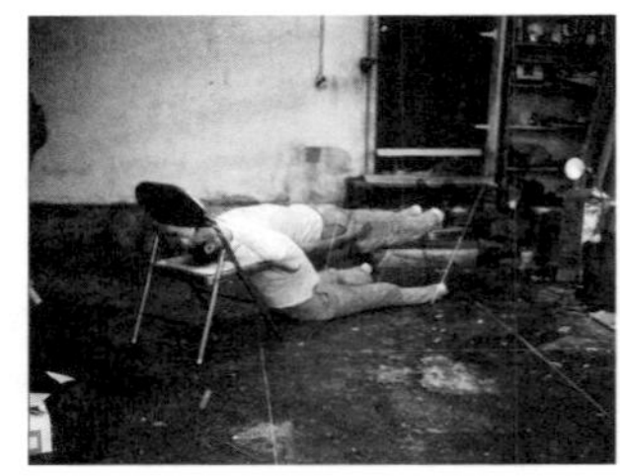

Bruce Nauman
*Failing to Levitate in
the Studio*, 1966
Svartvitt fotografi,
50.8 × 61 cm
Konstnärens samling
Courtesy Sperone
Westwater, New York
Foto: © Bruce Nauman by
SIAE 2022

broderas överförs muntligt och kommer därför glömmas när kläderna faller ur bruk. Kroppens minnen av klädernas tyngd, beröring och värme kan bara erfaras sinnligt av kroppen, inte överföras i en bild. De minnen som kläderna bär närvarar som frånvaro. De vittnar om det som inte kan berättas, bara upplevas. Röntgenkamerans genomlysning söker efter svar. Den rör sig över plaggen som ett sökljus och letar efter minnen och sammanhang som glömts. Men det är inte genomlysningen som bär svar. Det är i opaciteten som hemligheterna gömmer sig, de lurar i tätheten, i vecken och i skuggorna finns ett skydd från frågorna och blickarna.

Som ofta i Tarik Kiswansons verk, bär hans textila verk med bilder av röntgade klädesplagg vittnesbörd om det vi aldrig kan erfara direkt. En bortglömd – eller borttTrängd för den är för smärtsam att återberätta - familjehistoria, människor och platser som har gått förlorade. Det är en erfarenhet han bara kan närma sig på omvägar, som genom röntgenfotografierna av olika kläder som överförda till textil bildar ett gåtfullt arkiv över minnet av de mänskliga kroppar som levt i dessa kläder. Ett arkiv som låter deras personliga minnen sammanvävas och bilda en gemensam kropp av mänsklig erfarenhet över olika tider, kulturer och rum.

Samma spel med ljus och mörker, fast omkastat, finns i de bilder som Tarik Kiswanson gör med kolpulver. Han använder en särskild teknik, som likt många av hans verk, är en långsam, reflekterande, närmast meditativ process. Med hjälp av kolsticka och pensel läggs det kolsvarta pulvret på det vita pappret i lager på lager och får former och figurer att framträda. De mörka figurerna har precis som röntgenfotografierna något spöklikt över sig. Kolpigmentens former är som vålnader som dolt sig osynliga i det vita pappret. Det är som penselns rörelser lockar fram dem och de blir synliga – inte med hjälp av ljuset utan tvärtom med pigmentets svärta. I sin utsökta känsliga lätthet är teckningarna som händelser som passerat för länge sedan och är svåra att framkalla i minnet eller som återkommande drömmar som obevekligt jagar en i sömnen gång efter gång. Här återkommer figurer från Tarik Kiswansons personliga ikonografi - barnet och ovalen – gestalter som också finns i hans filmer, skulpturer, texter och performance. Barnkroppen i kolteckningarna är reducerad och allmängiltig, mer ett tecken för en tid och ett tillstånd i en människas liv än en specifik person. Ansiktet och kroppen är på en gång antydd och närvarande, en undflyende, och fjärran gestalt som precist fångats av pulvrets svärta. I bildens förgrund framträder en hand som tycks pressas mot en glasruta, en vägg, en barriär som stänger inne. Samtidigt tycks handen hållas upp som ett skydd mot världen och mot ljuset. Barnet som teckningarna visar uttrycker precis som barnet i filmen The Fall en drabbande utsatthet. Rädsla och skyddslöshet finns som en påtaglig aura kring kroppen. Men här finns inte bara en barnslig skyddslöshet, utan också en påtaglig kraft och närvaro. Barnet känns som en besökare från en annan dimension, i rörelse och snart på väg igen någon annanstans. Som ett hoppfullt omen som besöker oss helt hastigt i våra drömmar och försvinner snabbt igen och finns kvar som en aning av möjligheter när vi vaknar. I teckningarna finns också den ovala kokongformen som känns igen från Nest, Tarik Kiswansons skulpturer som hängande i utställningsrummet minner om fjärilars puppor, såväl som svävande frön. I teckningarna får den ovala formen en porösare och mer odefinierad yta. Den tycks både kunna vara ett mjukt organiskt material som ibland kan täcka ytan på ett frö som ska få hjälp att fästa vid och slå rot. Men den upplösta otydliga formen för också tankarna till kosmiska ljusfenomen. Ovalen blir som ett moln eller ett energikluster. En grupp partiklar som hålls samman av en osynlig kraft och som när kraften avtar löses upp och blir osynliga igen. I kolteckningarna finns, i likhet med röntgenbilderna, spelet med mörker och ljus. Men här finns, likt fotografierna, också en abstraktion, en gradvis förenkling som skapar tydlighet och klarhet. Kläderna fråntas i röntgenfotografierna många av sina textila kvalitéer, sina färger och sina mönster och gestaltas endast som ljus och mörker. I teckningarna är det inte barnet gestaltat som en unik personlighet och karaktär som tycks vara det väsentliga, utan barnet som tecken för ett särskilt mänskligt tillstånd. Det är som Tarik Kiswanson genom förenkling och abstraktion söker efter något fundamentalt och grundläggande i tillvaron som ska framträda när det enskilda, tillfälliga, geografiskt, kulturellt och tidsligt skalats bort.

Bearbetningen av material och föremål tycks för Tarik Kiswanson vara en väg att få tingen att öppna sig för oss och visa minnen som gått förlorade, platser som inte längre går att återvända till, människor som inte lever längre. Hans tidiga arbeten är i mycket en bearbetning av hans egen familjehistoria. En väg att komma åt händelser i det förflutna han inte kunnat förstå eller fått veta något om. Han gjuter in föremål

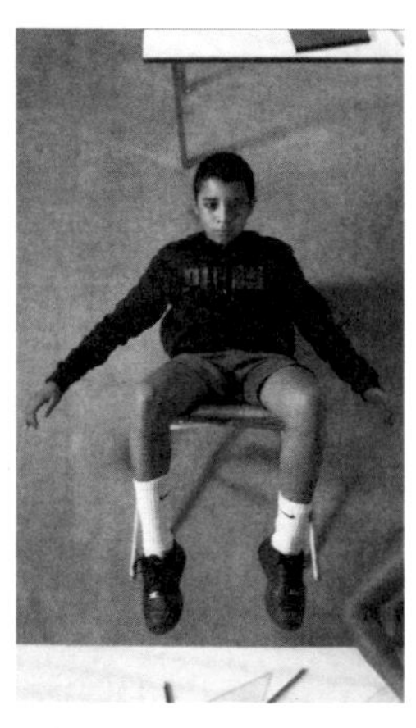

The Fall, 2020
Film, färg, 9'42"
Konstnären
Foto: Vinciane Lebrun

från familjens historia i block av genomskinlig styrenplast. Han förstorar detaljer
i gamla familjefotografier som han sedan klipper i tunn reflekterande plåt som han
sammanfogar och väver till reliefer som hängs på väggen. Men arbetet är inte en
rekonstruktion av en tydlig historia med kronologi och persongalleri. Det metallre-
lieferna berättar mest om – likt röntgenfotografierna - är egentligen omöjligheten
att fånga det förflutna och upplevelsen av förlust och tomhet.

Tarik Kiswansons familj flyr från Palestina till Sverige på slutet av 1970-talet.
Han föds och växer upp i Halmstad, där hans familj bosatt sig och skapat ett liv
tillsammans. Diasporan, förlusten av en hemhörighet, brottet i en familjehistoria
präglar hans verk som bär en patina av smärta och rotlöshet. Bearbetandet av före-
mål som kläder, husgeråd och fotografier kan läsas som ett sorgearbete, ett försök
att tyda tingen där egna minnen saknas. På samma sätt blir bearbetningen av mate-
rialen en introspektiv och meditativ process. Bearbetningen av industriella hårda
material en ritual där putsandet av reflekterande metallytor blir en självspegling,
ett upptäckande av den egna identiteten. Putsandet av mörka metallytor, som
avlägsnar metallens mörka färg och gör dom ljusa och reflekterande, blir en motsatt
rörelse mot kolteckningarna där svärtan läggs på i lager efter lager istället för att
avlägsnas. Bearbetningen och formandet av ett material eller tecknandet av
en bild blir en väg att söka formulera sitt eget sammanhang och sin egen berättelse.
En berättelse som likt många i hans generation av andra generationens immigranter
uttrycker en rotlöshet som inte kan kopplas till en egen erfarenhet av flykting och
en hemlöshet, utan en mer svårfångad erfarenhet av en förlust av tillhörighet och ett
trauma som bärs genom generationer.

Tarik Kiswansons konst kan konsthistoriskt skrivas in i den utveckling skulp-
tur har tagit sedan det sena 1960-talet då postminimalismen expanderade skulptu-
rens fält. Skulptur kom att röra sig över ett vitt fält som inkluderade processuella
och heterogena uttryck. Performance, rörlig bild, ljud och text kom att bli en del av
ett skulpturalt uttryck. I Tarik Kiswansons konst finns spår av Eva Hesses känsliga
materialitet, Vito Acconci's expansion av arkitekturen till ett psykodynamiskt
performanceverk eller Dan Grahams arbete med själva den kognitiva erfarenheten
av rummet som skulptur. Tarik Kiswansons konst är en del av hur den erfarenheten
har utvecklats vidare i den samtida skulpturen till en alltmer hybrid praktik där
skulptur och installation är i samtal med ett allt vidare konstfält som gränsar mot
film, soniska praktiker såväl som skrivande. Den öppna och rörliga attityden är
en av de mest påfallande dragen i Tarik Kiswansons konst. Här pågår hela tiden en
förflyttning och översättning mellan olika material, olika gestaltningsformer, olika
platser och känslotillstånd. Genom den här rörligheten och förflyttningarna uppstår
också en rikedom av uttryck och gestaltningar. Hans konst är som ett ständigt
sökande efter vilket material eller gestaltning som kan bära den erfarenhet eller
det uttryck han vill skildra. Prövandet av olika former och material drivs av en inre
nödvändighet snarare än en vilja att erövra en särskild teknik eller utveckla en
konstnärlig signatur som kan återupprepas. Ett sökande som ger Tarik Kiswansons
verk ett osedvanligt mångskiktat, komplext och rörligt konstnärligt register.

Sammanflätningen och sammanblandningen av olika gestaltningsformer,
materialiteter och uttryck skapar en ovanlig och stark dynamik i Tarik Kiswansons
känsliga och uttrycksfulla verk. Hans exceptionellt mångsidiga konst rör sig från
teckning, skulptur och installation till film, ljud, performance och text. Lagda tillsam-
mans bildar dessa en mångskiftande och utsträckt väv där varje del är nödvändig
för att gestalta svåra och komplexa erfarenheter. Hans verk låter betraktaren uppleva
stark alienation, ensamhet och rotlöshet. Samtidigt ger han oss också svindlande
skönhet, poetisk rymd och upplevelsen av rörelsens frihet.

Rörliga rum

Skuren metall återfinns i flera av Tarik Kiswansons verk. Han använder den i vägg-
verk där metallen både ger reflektion och relief, han hänger den från taket som
draperier. Reflekterande remsor som går att sätta i rörelse som skapar nya former,
reflektioner och lekar med betraktarens kropp och ljuset i utställningsrummet.
I leken med motsatser och förvandlingar - hårda ytor som blir mjuka, genomskinligt
som blir tätt, tyg som ställs mot metall, stillhet mot rörelse uppstår ett tredje ambiva-
lent tillstånd som trotsar enkla dikotomier och uteslutande kategoriseringar.
Materialens förvandling – som den hårda metallen som kan bli mjuk och rörlig - säger

oss att allt inte längre behöver vara detsamma. Tillvaron öppnar sig och blir något annat, som när den unge pojken i filmen The Fall svävar utan att gravitationen slår ner honom i marken. Han befinner sig, som många av Tarik Kiswansons verk i rörelse mellan olika tillstånd. En rörelse som när den återvänder i verk efter verk försätter betraktaren i ett liknade tillstånd. Tillvaron förändras, vi rör oss, inget är egentligen säkert.

Den leviterande pojken som svävar i rymden finns utanför det fysiska rum vi vanligtvis befinner oss i. Det rum som följer gravitationens lagar. Han befinner sig egentligen där bara i ett ögonblick, ett momentum som filmen förlänger och ger oss som betraktare möjlighet att dela. Det här viktlösa rummet som befinner sig utanför naturlagarnas begränsningar hittar man ofta i Tarik Kiswansons konst. Klädesplaggen som röntgenfotograferats visar han vertikalt så dom ser ut att sväva i rummet. I utställningen på Hallands Konstmuseum visar han ett collage av en gammal gravyr som visar ett skeppsbrott, men han vänder bilden så båten tycks sväva uppåt mot alla odds. Gravyrens ålder är en påminnelse om att migration inte är ett samtida fenomen utan att det alltid var en del av människans villkor.

Samtidigt så spelar upplevelsen av rummet en avgörande roll i Tarik Kiswansons konst. För att skapa rumsliga upplevelser bygger han med sina skulpturala installationer konkreta fysiska rum där vi som betraktare kan vistas. Hans omslutande och gåtfulla skulpturala installationer omfattar hela rummet och gör betraktaren till del i en helhetsupplevelse. Det kan handla om hur han format utställningsarkitekturen, hur ljud, bild och rörelse samverkar till verkens placering. Verkens läge i rummet blir en avgörande gest. Placering aktiverar och elektrifierar tomrummen och gör dem betydelsefulla. Verkets läge är också något som aktualiserar betraktarens position, vem som ser och varifrån blicken kommer. Den här förskjutningen av betraktarens position och rummets skala blir extra påfallande när han hänger verken väldigt lågt eller väldigt högt, vilket understryker och synliggör konstrummens egenskaper.

Han omskapar utställningsrummet genom att låta olika gestaltningsformer och material samverka. Hans konst fungerar som ett allkonstverk som aktiverar alla sinnen, känsel, syn och hörsel. Han osäkrar rummets skala och disponering genom att placera verken på ett sätt som gör gränsen mellan utställningsrummets arkitektur och konsten flytande. Hans konst skapar en ny och säregen värld som vi som betraktare bjuds in till. Där förlorar vi för ett ögonblick oss själva och erfar den känsla av rotlöshet i världen som är ett grundackord i Tarik Kiswansons konst. Vi blir medvetna om att den rotlöshet han skildrar inte bara är hans egen personliga upplevelse, utan ett allmängiltigt tillstånd i en samtid där så mycket tycks rämna och vi är osäkra vilken framtid vi står inför

Ett annat starkt tema genom Tarik Kiswansons konst är att skapa ett slags skyddande rum, platser där man kan vara i skydd för världen. I hans konst finns också ofta referenser till nästen, reden och bon. Platser för de som kommit långt bortifrån, slagit sig ner och behöver reda sig en skyddande plats. Han bygger skyddade rum i utställningsarkitekturen eller låter metalldraperier bilda rum i rummet som omsluter betraktaren, han återvänder till bilder av skepp som färdas över stormiga vatten. En fokalpunkt i den här tematiken och i hans konstnärskap är den pågående serie av skulpturala objekt som bär titeln Nest. Det är stora målade objekt i styrenplast som i sin avlånga form för tankarna till insektsägg, fjärilskokonger eller farkoster. Former som också finns i hans teckningar. Tarik Kiswanson låter objekten bli en del av arkitekturen genom att dom målas i samma färg som rummens väggar. De ser – precis som pojken i filmen The Fall – ut att sväva. Samtidigt är de ett slags utväxter från rummets väggar, en arkitektur som är märkvärdigt organisk. De bär på möjligheten att sväva iväg och lämna oss. Men de bär också på en möjlighet att stanna, ett frö som kan slå rot i jorden om det får rätt jordmån för att växa. Som alltid i Tarik Kiswansons konst skapar Nest en stark ambivalens. Som betraktare vet man inte vad man står inför och det öppnar för kedjor av tolkningar och nya erfarenheter som ger hans skulpturer en stark laddning. De är mångtydiga objekt fyllda av möjligheter, lager av referenser, men också ren visuell erfaring som bär den känslomässiga dissonansens chock. Vi förmår inte helt tolka det vi ser.

De rum Tarik Kiswanson skapar med sina skulpturala objekt pendlar mellan arkitektur och skulptur, mellan skapat och organiskt. Här finns också i en renodling av den rumsliga upplevelsen en koppling till den abstraktion och reduktion av uttrycket som man ser i t ex hans röntgenfotografier. Genom att ge betraktaren en avskalad helhetsupplevelse av rummet där arkitektur och konst flyter samman i en immersiv helhetsmiljö så tycks Tarik Kiswanson vilja skala bort allt brus och distraktion som står i vägen för att om möjligt blottlägga tillvarons själva grundstruktur, dess ontologi.

Mångdimensionaliteten i Tarik Kiswansons verk växer än mer när han till de skulpturala verken också adderar performance som på olika sätt aktiverar verken. Det kan handla om att sätta skulpturer av strimlad metall i rörelse eller att barn klädda i dräkter vars tyg har motiv från de röntgade kläderna rör sig koreograferat i verken. Barnens närvaro skapar en förskjutning av utkikspunkter och förändrar vilken position i rummet som är centrum och vilken som är periferi. En förskjutning som också gör betraktaren uppmärksam på den egna närvaron och hur den egna kroppen förhåller sig till både verken och de andra kropparna i rummet. Skulpturerna blir inskrivna i koreografins narrativ som ger dom nya betydelser. Som betraktare blir vi medvetna om både barnens och våra egna kroppar, hur dom och vi rör oss i rummet, hur vi förhåller oss till varandra. Installationen som helhet får ett före och efter – en historia och en framtid. När barnen inte är där finns minnet av deras rörelse inskrivet i rummet. När dom är där bryter deras kroppars närvaro materialens tystnad. Precis som i det mångskiktade mötet mellan olika material och uttrycksformer i Tarik Kiswansons verk introducerar kropparnas närvaro och rörelse en heterogenitet i rummet som ytterligare osäkrar det. Hans konst bryter igenom kategorier och definitioner som vi tar för givna och skapar med det nya världar fyllda med nya betydelser och berättelser.

Rotlösa kroppar

Tarik Kiswanson kommer som mycket ung in på den prestigefyllda konstutbildningen Central Saint Martins, University of the Arts och lämnar sin födelsestad Halmstad för London. Några år senare avslutar han sin utbildning i Paris vid Ecole des Beaux-Arts. Hans unika och särpräglade konst har fått ett starkt gensvar i en större konstvärld och hans konst visas i dag på viktiga gallerier och institutioner världen över. I Sverige har det varit märkligt tyst om hans konst och i hans hemstad Halmstad har han hittills inte haft någon utställning alls. Jag upptäcker hans konst på ett galleri i Berlin och vi träffas för första gången några år senare i Paris i hans utställning på Centre Pompidou, där jag också får möjlighet att se hans skulpturer aktiveras med ett performance för första gången. Inför skrivandet av den här texten reser jag till Halmstad en regnig dag i oktober för att se museet och förstå det sammanhang som är Tarik Kiswansons uppväxt. När vi ses på konstmuseet berättar han att museet var en viktig plats för honom när han var barn – ett fönster mot en annan värld och mot konsten som en möjlig sysselsättning. När vi promenerar mot stationen längs den regniga kajen frågar jag vad han brukade göra här när han var ung. Svaret kom snabbt, kanske alltför snabbt: "Jag var hemma och ritade mycket, det var mest det som fanns här för mig, sedan åkte jag till London och började på konstskola". Ett steg ut i världen som gjort honom till en av de mer uppmärksammade konstnärerna från Halmstad någonsin. Något som hans hemstad inte sett och gjort till del av sin lokala konsthistoria förrän nu.

De barn som befolkar Tarik Kiswansons verk, har sin historia och sitt liv. Men här finns ändå en viktig länk. De bär alla också Tarik Kiswansons berättelse om vår tids diaspora. Barn med rötter i andra delar av världen som växer upp till ungdomar och vuxna individer i olika städer i Sverige och Europa. De delar erfarenheten av familjer med uppslitna rötter och en historia som svävar lika fritt som de röntgade klänningarna från Tarik Kiswansons mors familj, den svävande pojken i The Fall eller de kokongformade skulpturerna som fästade i väggen tycks sväva. Barndomar märkta av att vara i ett sammanhang och samhälle som inte öppnar sig och vill omfatta ett kulturarv som är heterogent och bär många röster och uttryck. Här ser jag de reflekterande ytorna i Tarik Kiswansons konst som en uppmaning till betraktaren att se inte bara hans spegelbild utan också våga se sig själva. Här finns en möjlighet att förstå hur en förmåga till en gästfrihet som inte är villkorad kan ge ett hem och en röst till de barn som likt pojken i hans film svävar i ett tomrum utan fast mark och hemhörighet. Att våga se att den tillhörigheten till en plats bara kan skapas om han får utrymme att ta plats och uttrycka sig själv och bli en del i ett större sammanhang.

Genom att lägga till performance till sina skulpturala installationer skapar Tarik Kiswanson ytterligare en dimension i sina verk som har en stark sinnlig och kroppslig artikulation. Kropparna finns där oavvisligen och går inte att hålla ifrån sig. De kroppar som visar sig i hans verk, unga människor med en hemhörighet som inte är självklar utan alltid måste förhandlas, kopplar tydligt till det tema av flykt som är centralt i hans konst. Som i skulpturernas kokonger som kan ses som frön eller frökapslar som sprider sig ut i världen. Eller i hans fascination för skeppsbrott och båtresor över mörka vatten i vetskap om att man inte kan återvända. Båtar blir precis som fjärilskokongerna eller fröna en symbol för rörelse och förflyttning. Utsattheten och skyddslösheten som anas i de unga kropparna i hans performance har en motsvarighet i de händer som i hans kolteckningar trycks mot en halvt transparent membran – bortglömda, separerade, gömda – tycks de fängslade i en annan dimension som vi inte når. Det finns i Tarik Kiswansons nya verk en drift från narration till abstraktion. Från de nära sammanhangens med familjens historia och föremål som ett laddat primärt objekt rör han sig mot det mer allmängiltiga existentiella. När han ställer sin mors ärvda traditionella klänningar mot folkdräkter från Halland och samtida sportkläder tycks han söka efter det som förenar oss alla. Former och uttryck som vandrar och återkommer genom kulturer, platser och epoker. Känslor och erfarenheter som drabbar oss alla oavsett vilka vi är. Ett sökande som leder honom närmare kroppen, dess sinnen, dess rörelser och dess fysiska förmågor eller hinder. Det är som han när han röntgar kläderna lyser igenom våra kroppar och letar efter vår minsta gemensamma nämnare, den kod som formar oss. Inte bara våra kroppar, utan också vårt språk, de föremål vi formar och hur vi förhåller oss till varandra. Hur all mänsklig erfarenhet har sin botten i vår kropp och är en ofrånkomlig del av den. Samma sökande efter gemensamma former ser man i Nest, vars abstrakta sfäriska avlånga form tycks vara arketypisk och återkommande i alla livsformers ursprung som ägg, frö eller kokong. En kapsel som bär livet och som är vår minsta gemensamma nämnare. Det är som Tarik Kiswanson vill säga oss att vi har alla erfarenheter som går att dela. Erfarenheter som inte är bundna till en speciell plats, tid eller kultur. Erfarenheter som rör sig över världen och som kan sätta frö där vi ger dom en plats att gro och sätta rötter.

Cradle, 2022

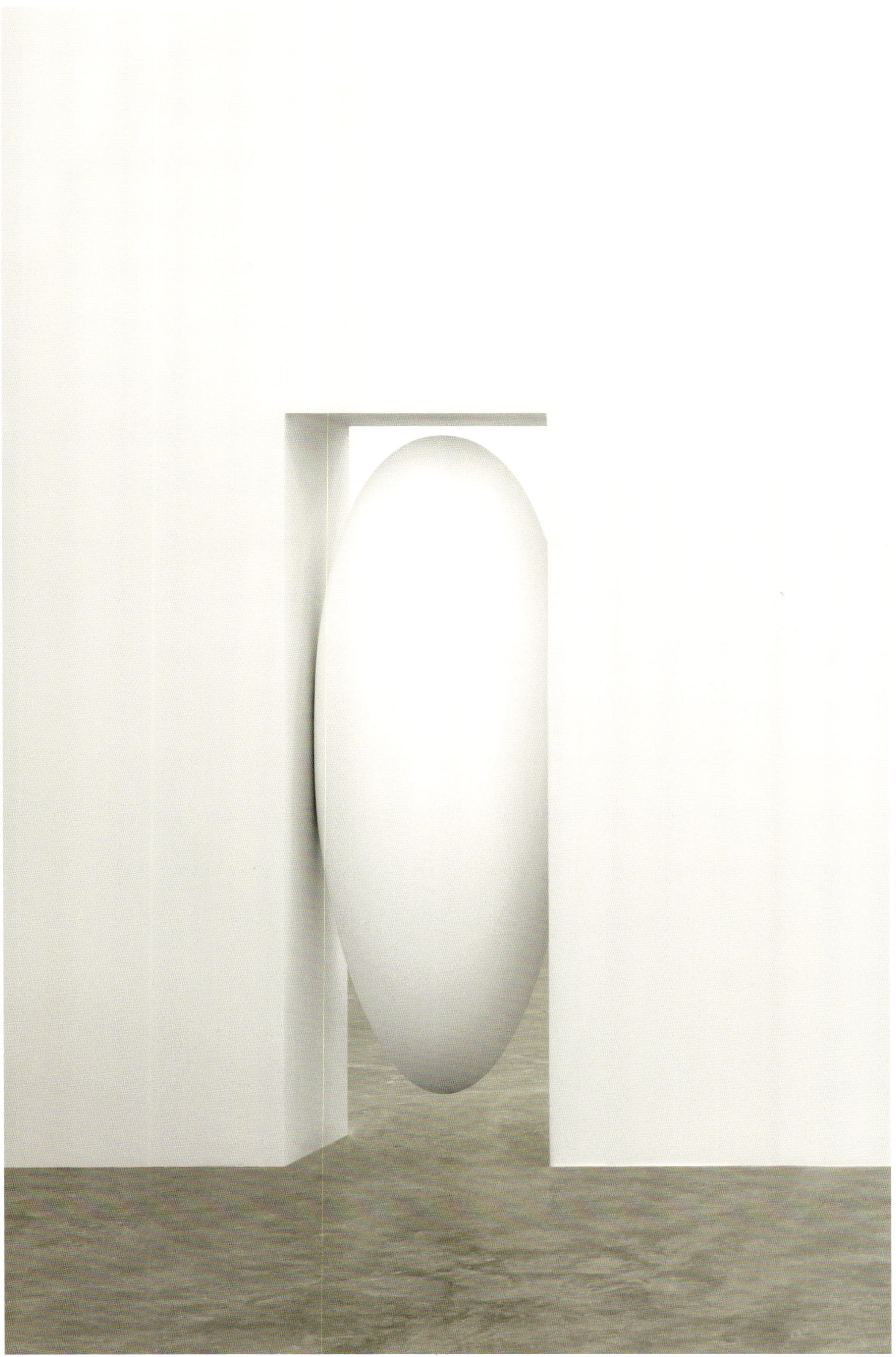

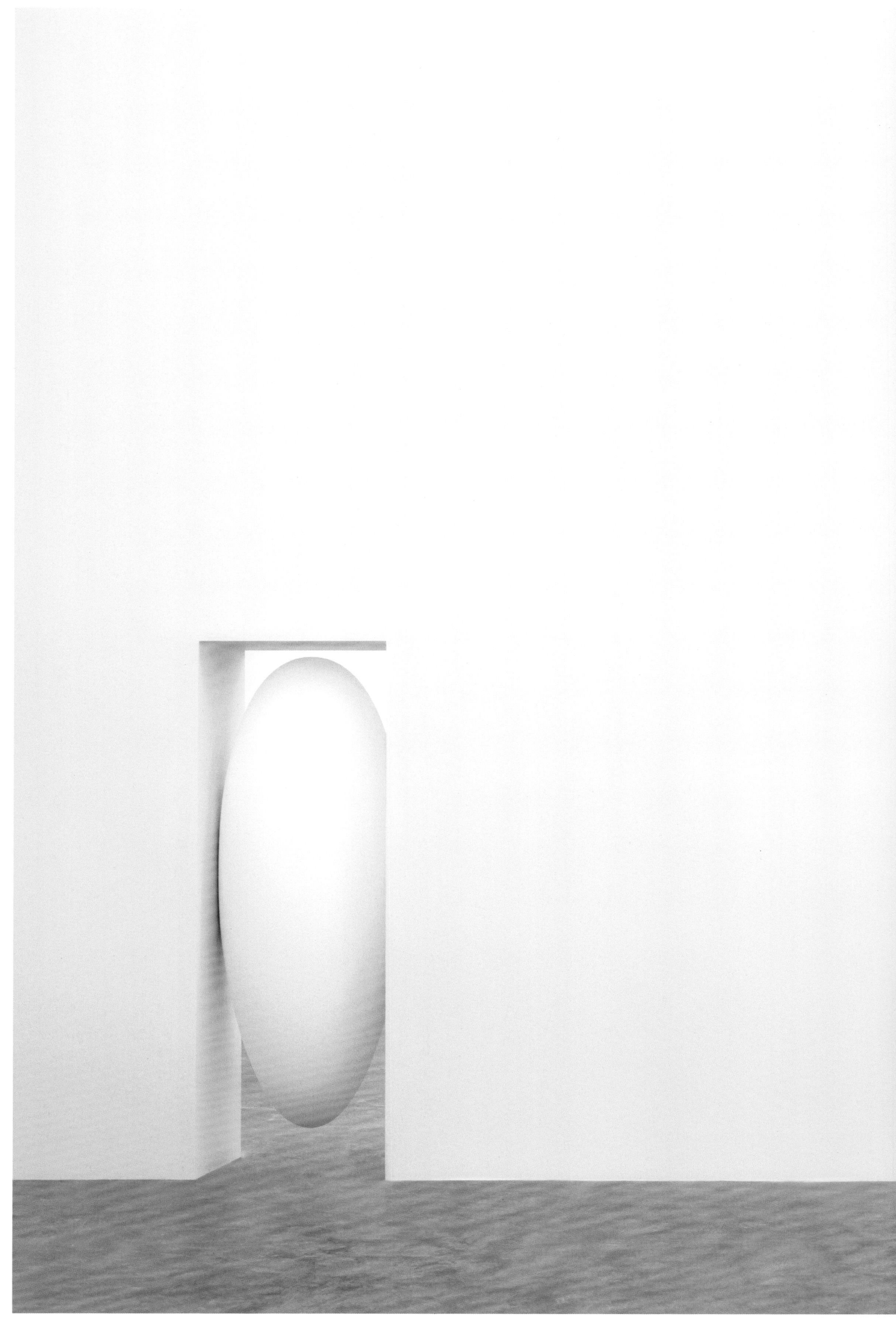

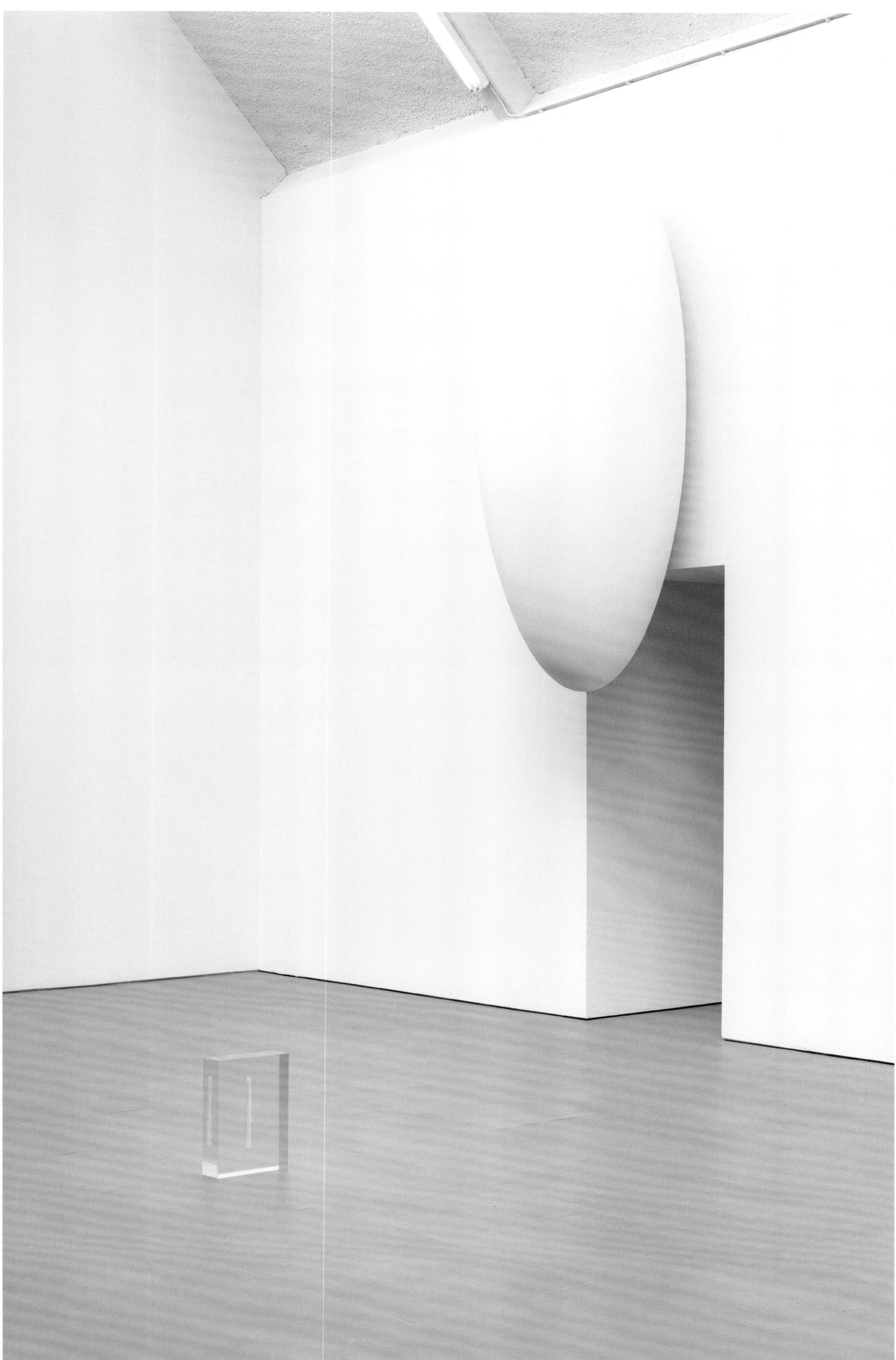

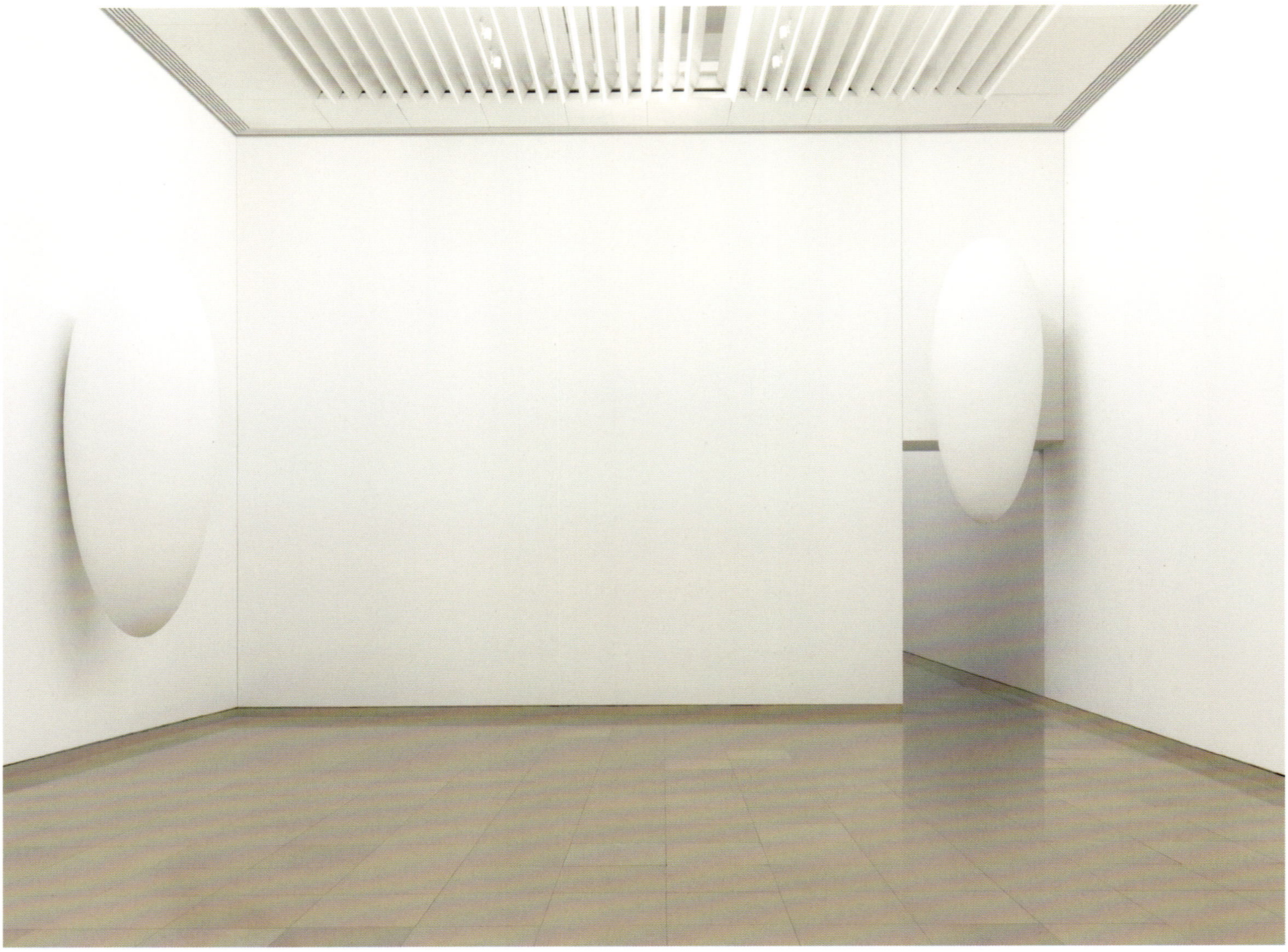

Respite, 2020
Anamnesis, 2022

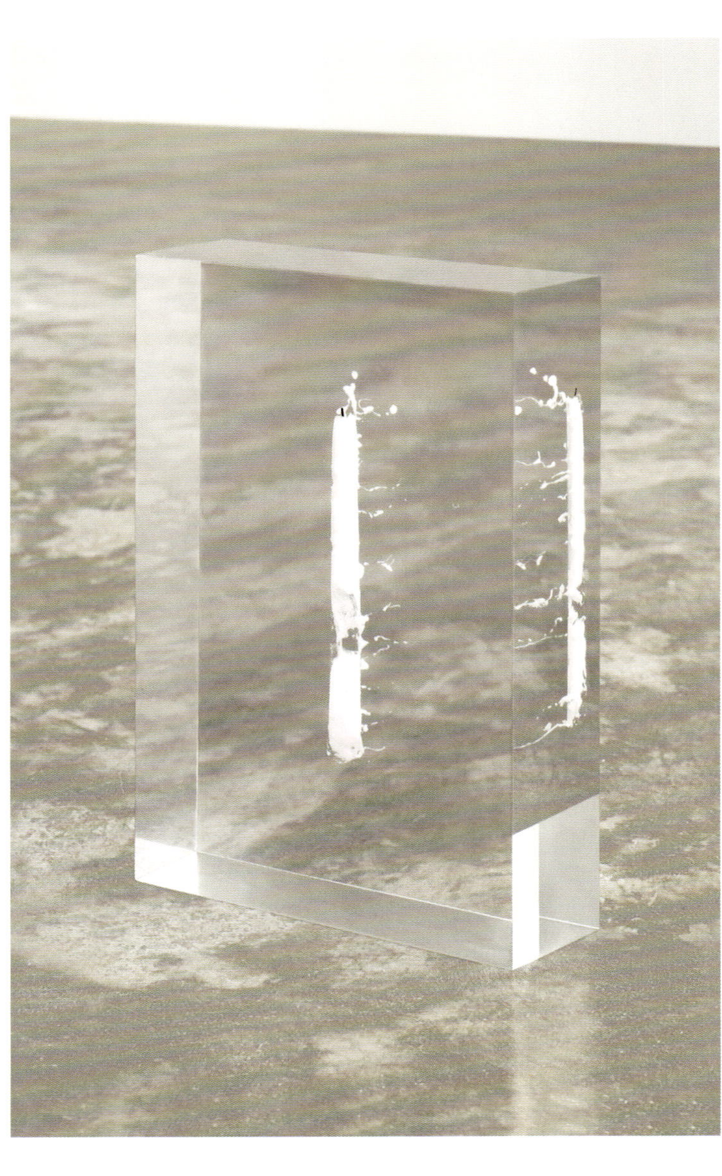

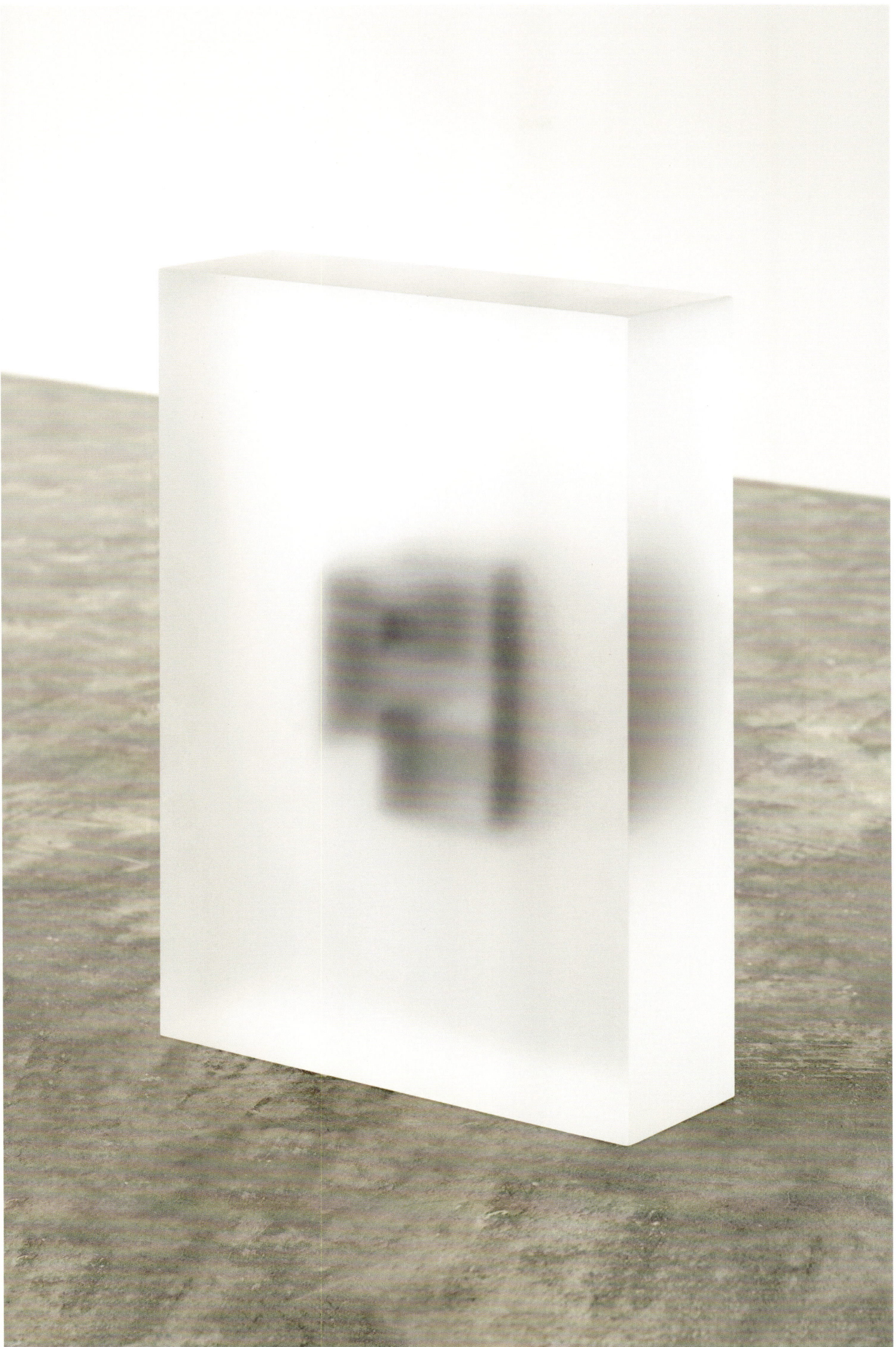

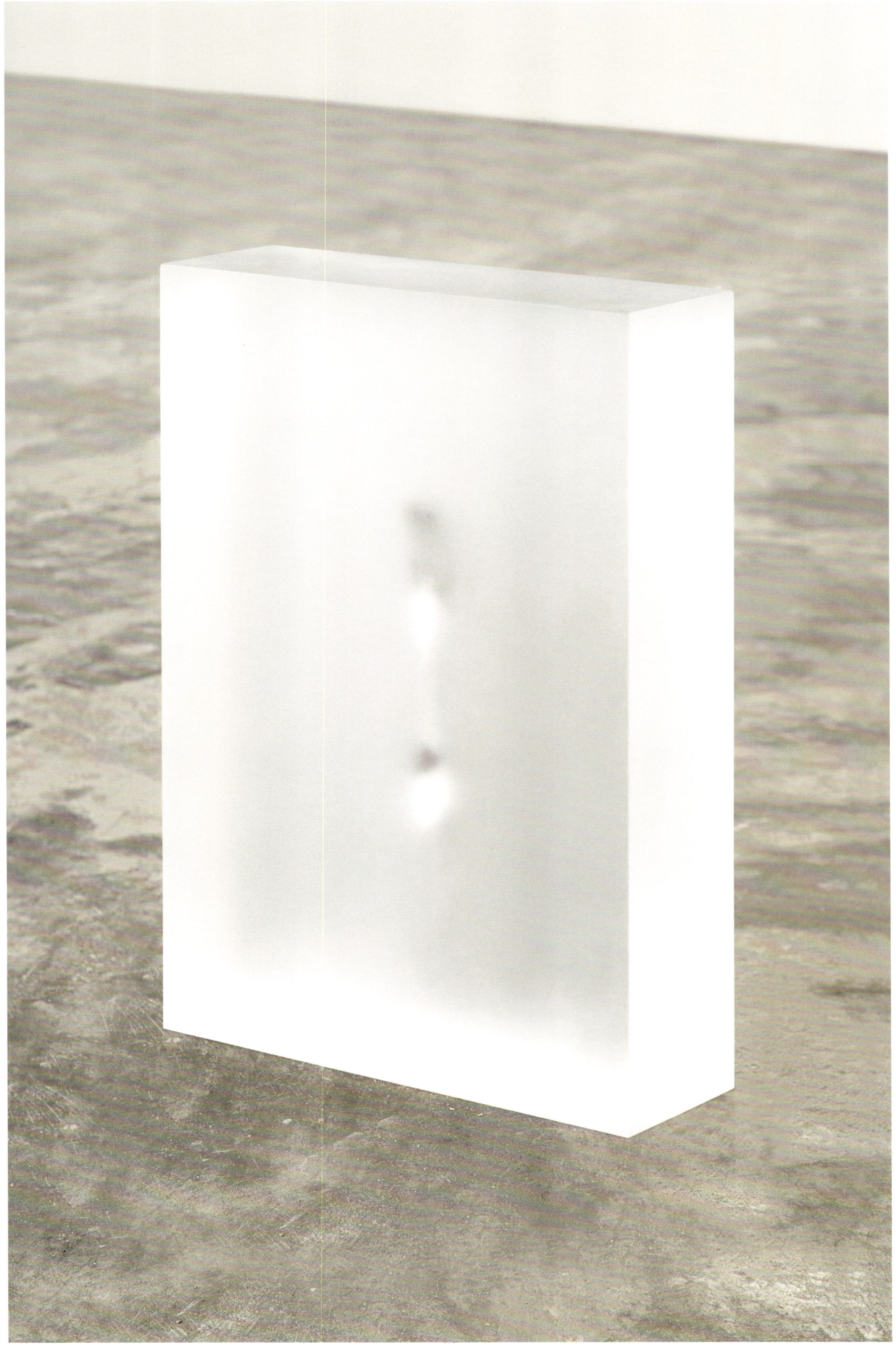

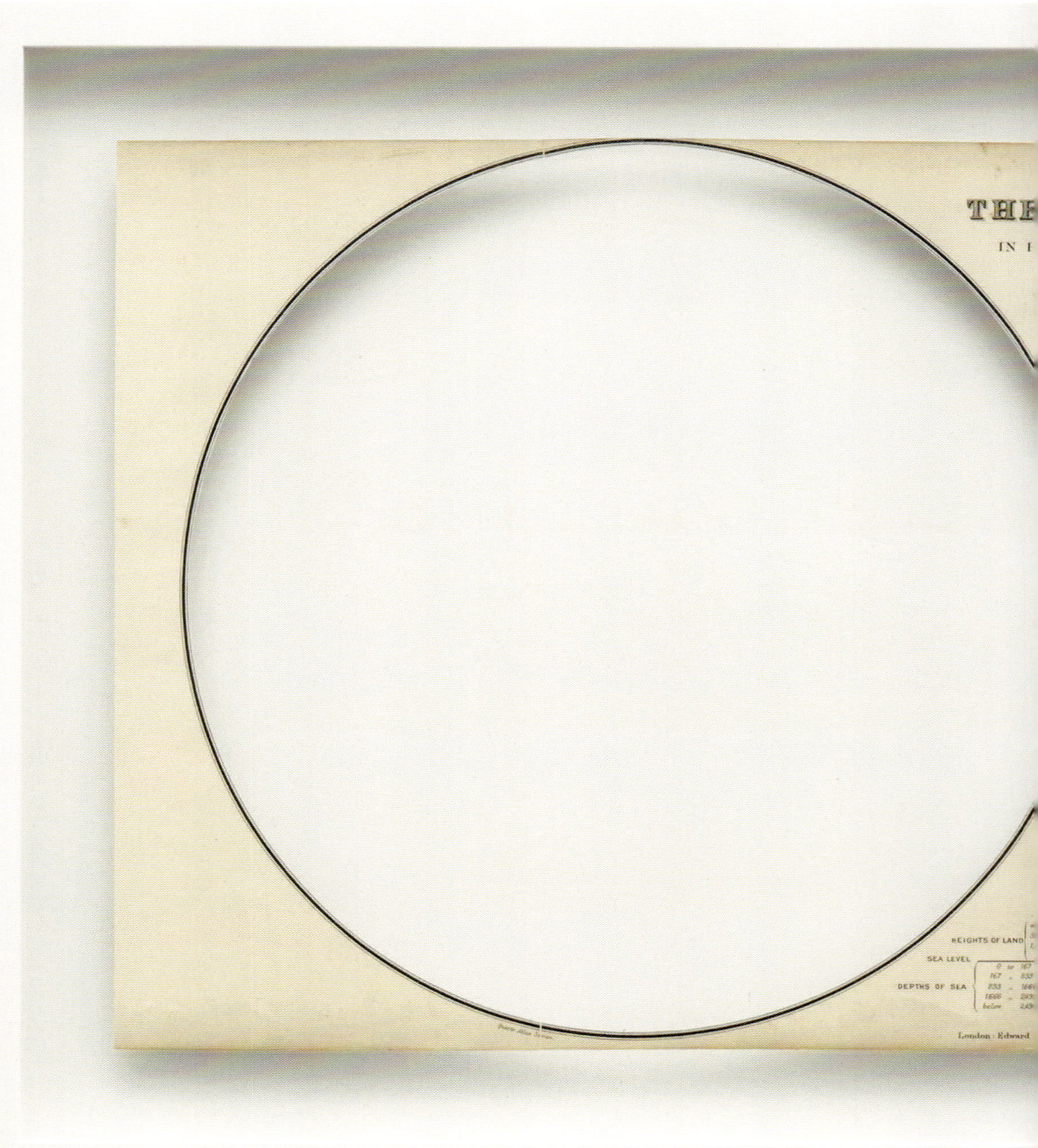
THE
IN
HEIGHTS OF LAND
SEA LEVEL
0 to 167
167 " 833
DEPTHS OF SEA
833 " 1666
1666 " 2499
below 2499
London : Edward

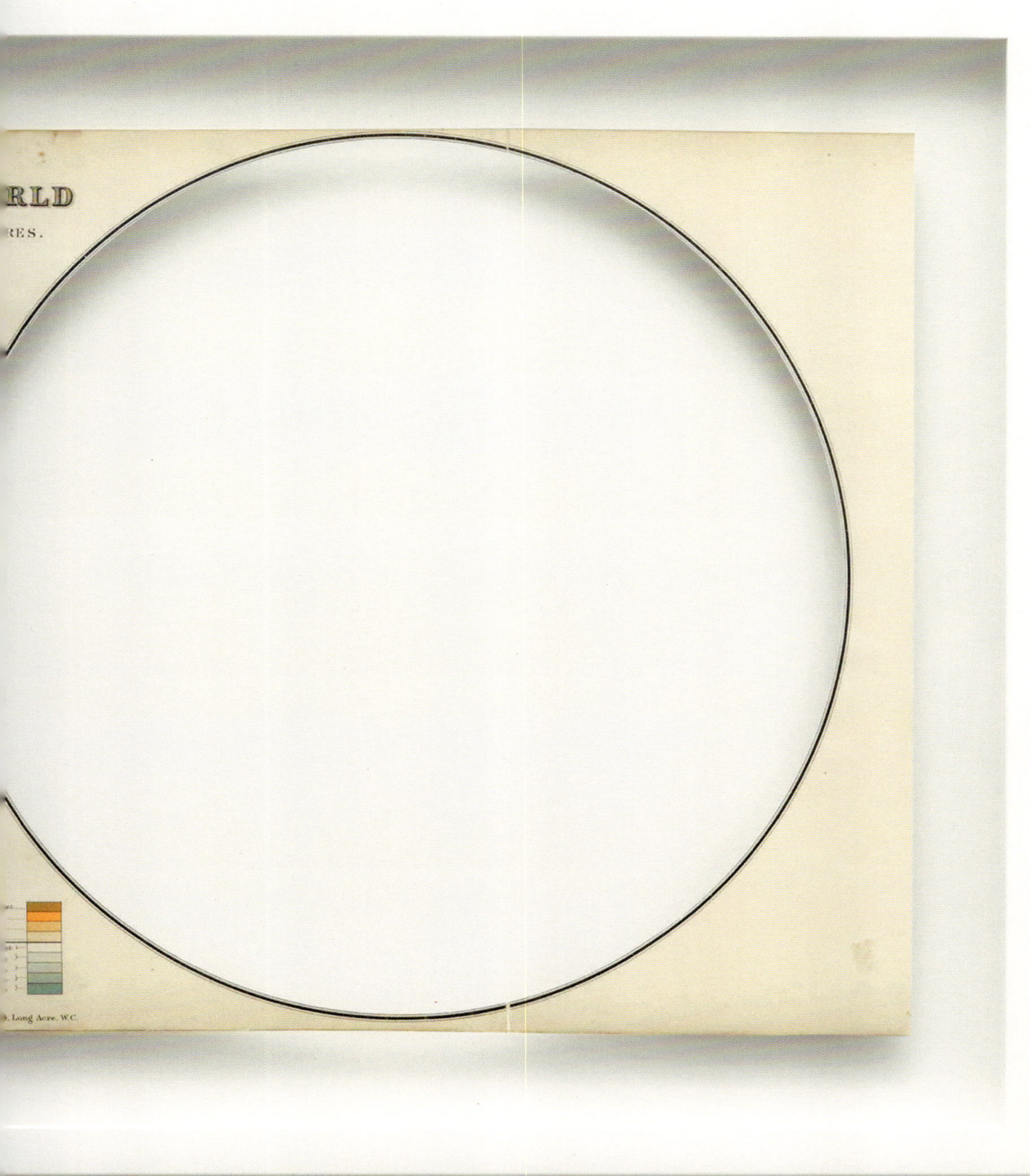

The World, 2014 (previous page / föregående sida)

Father Form, 2017

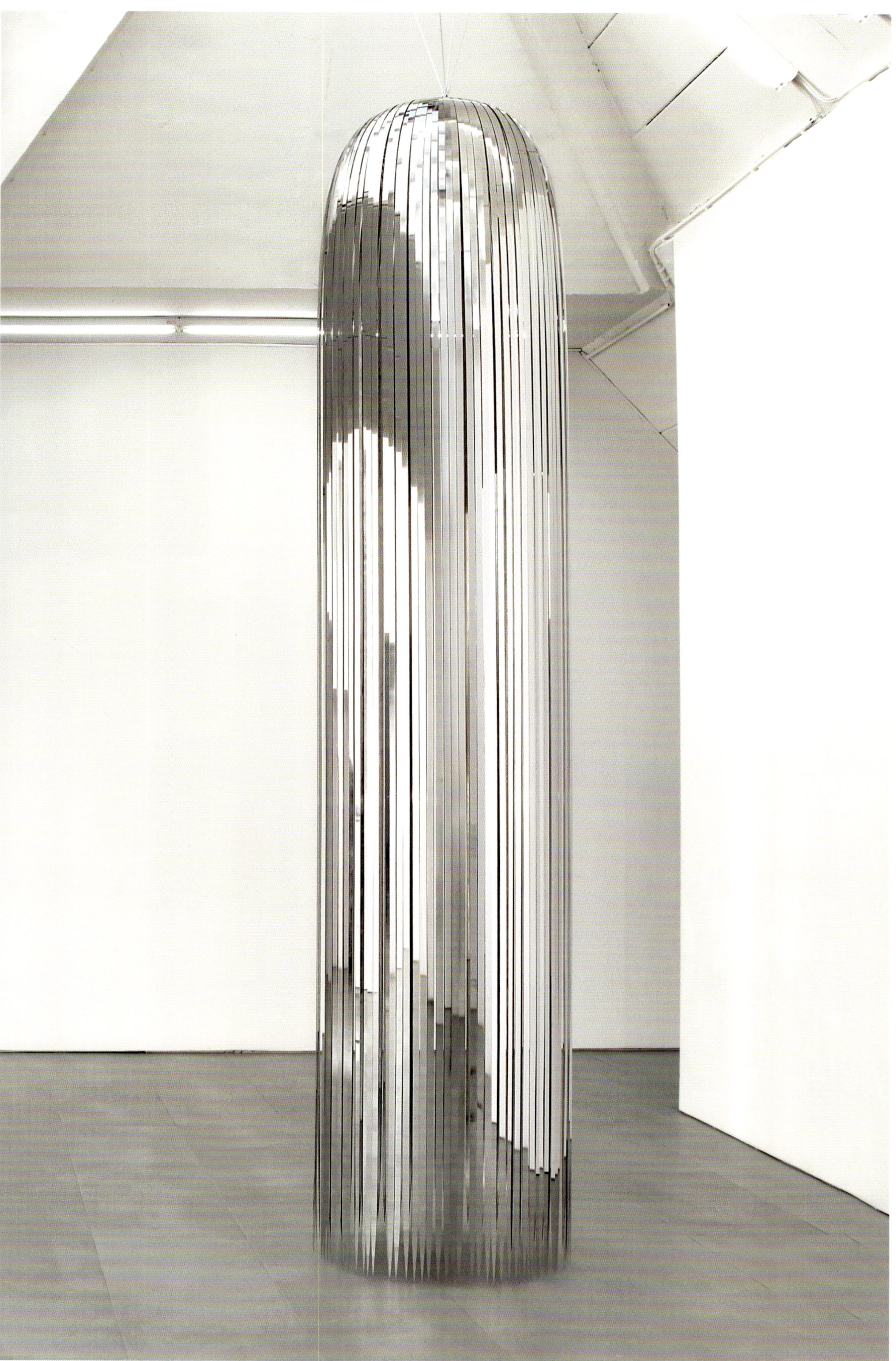

The Ear That Hears Me, 2017

Father Form, 2017

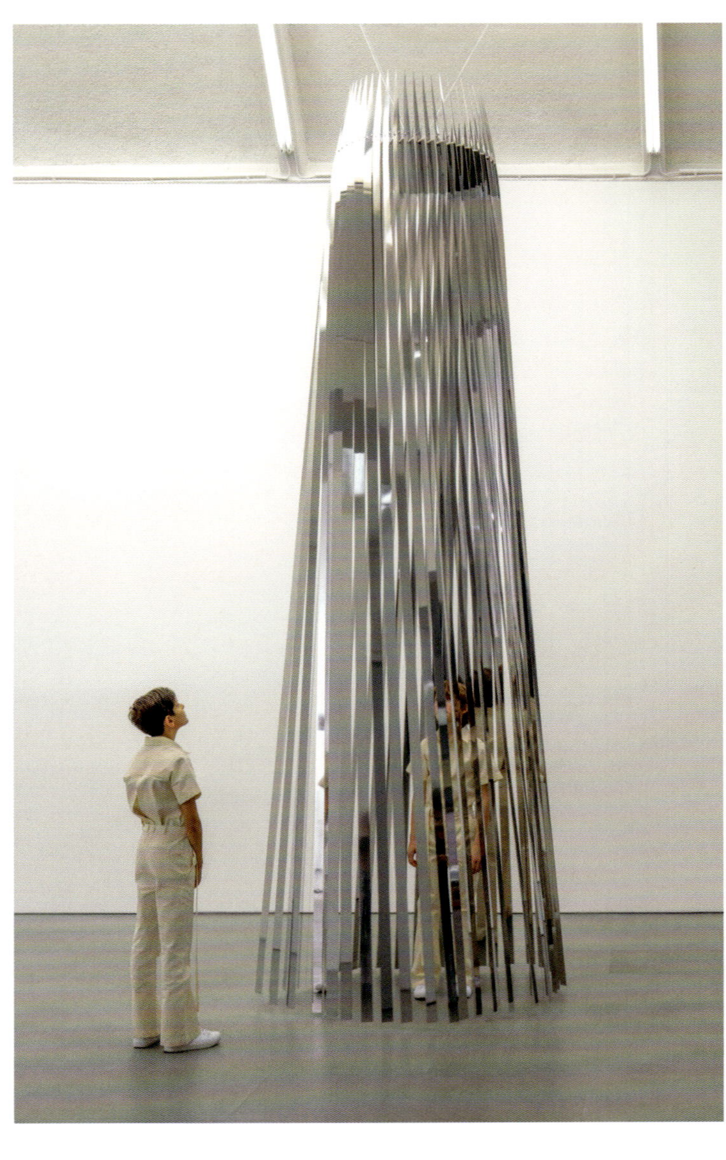

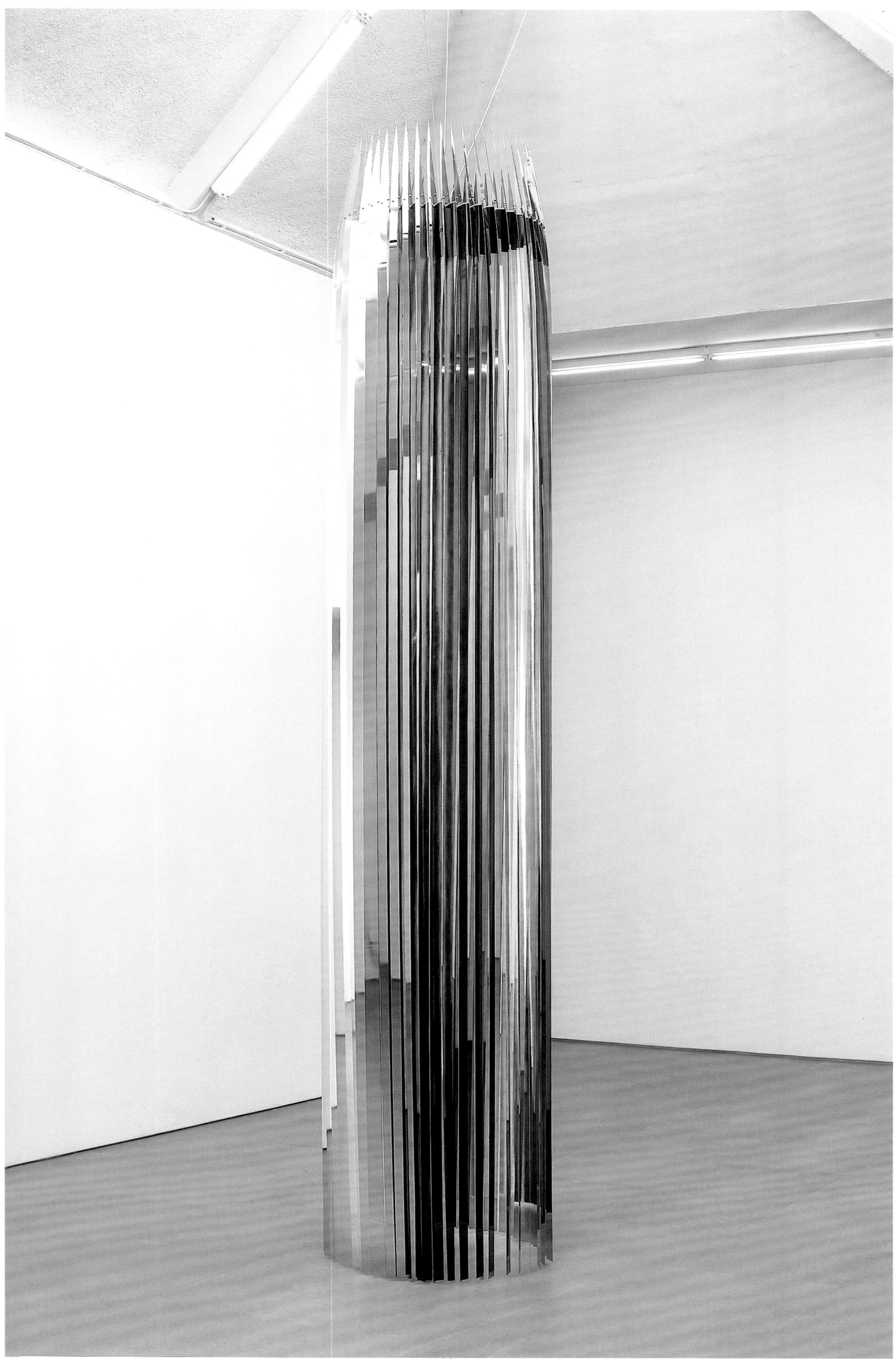

Arrival, 2020

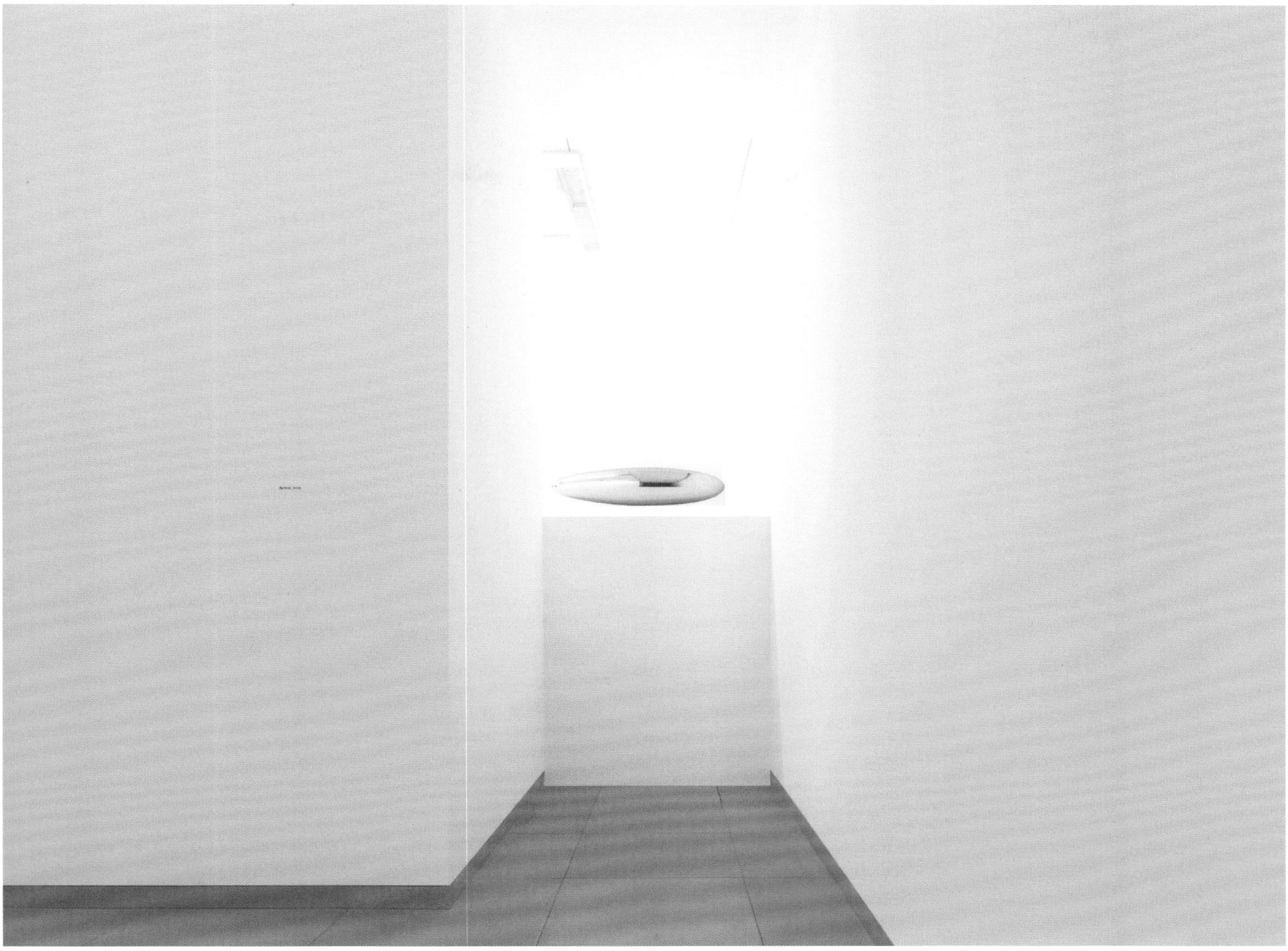

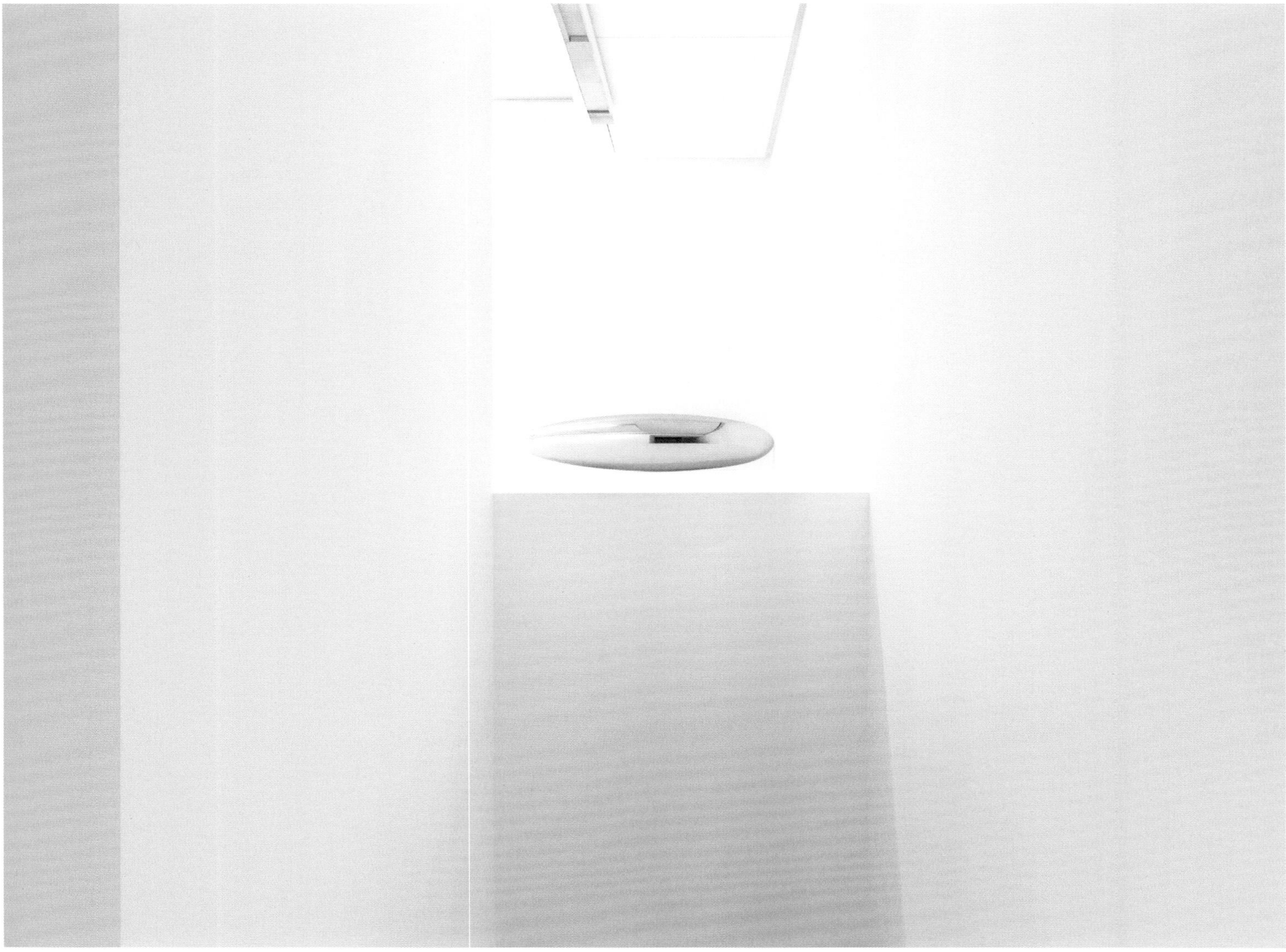

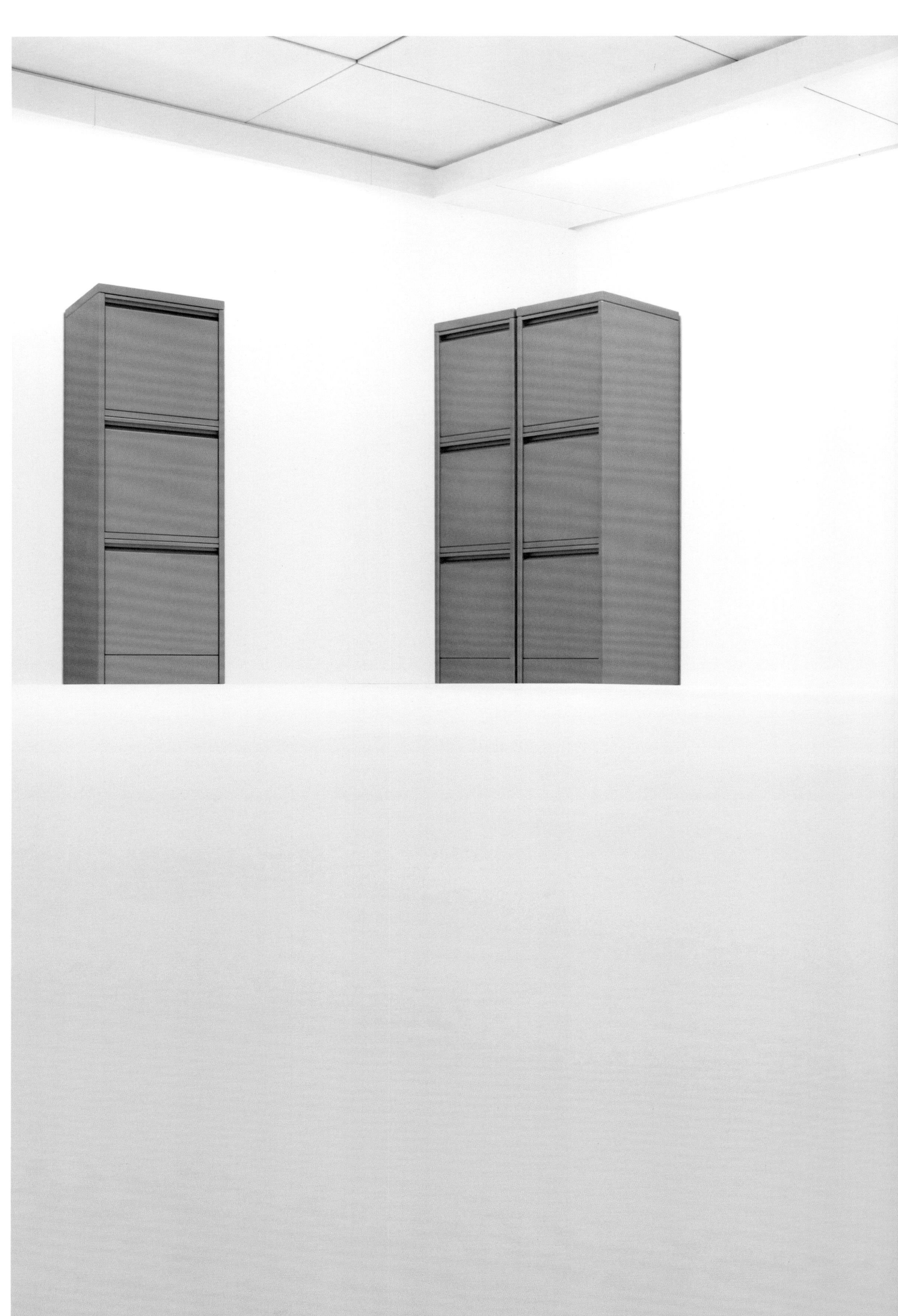

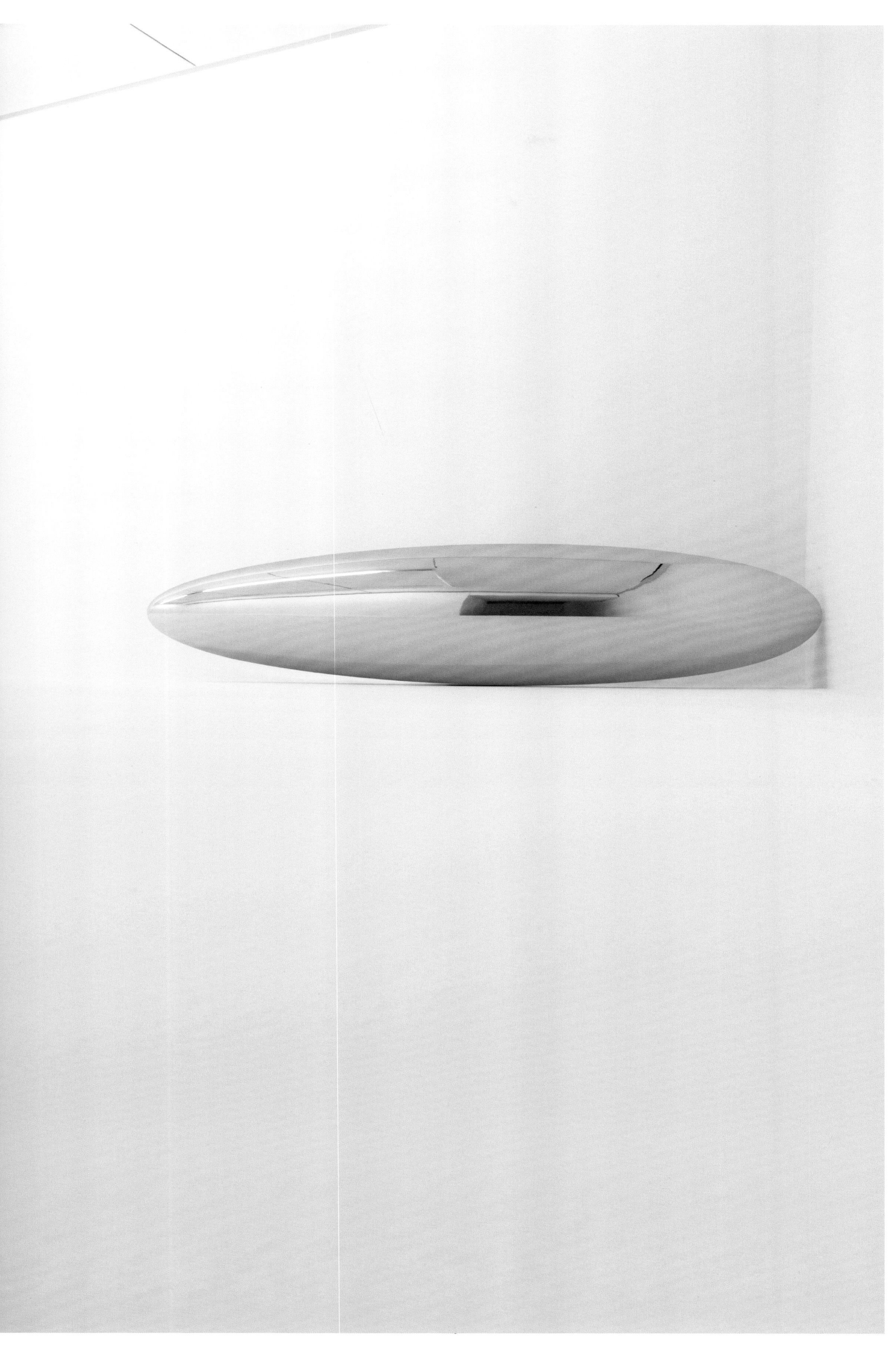

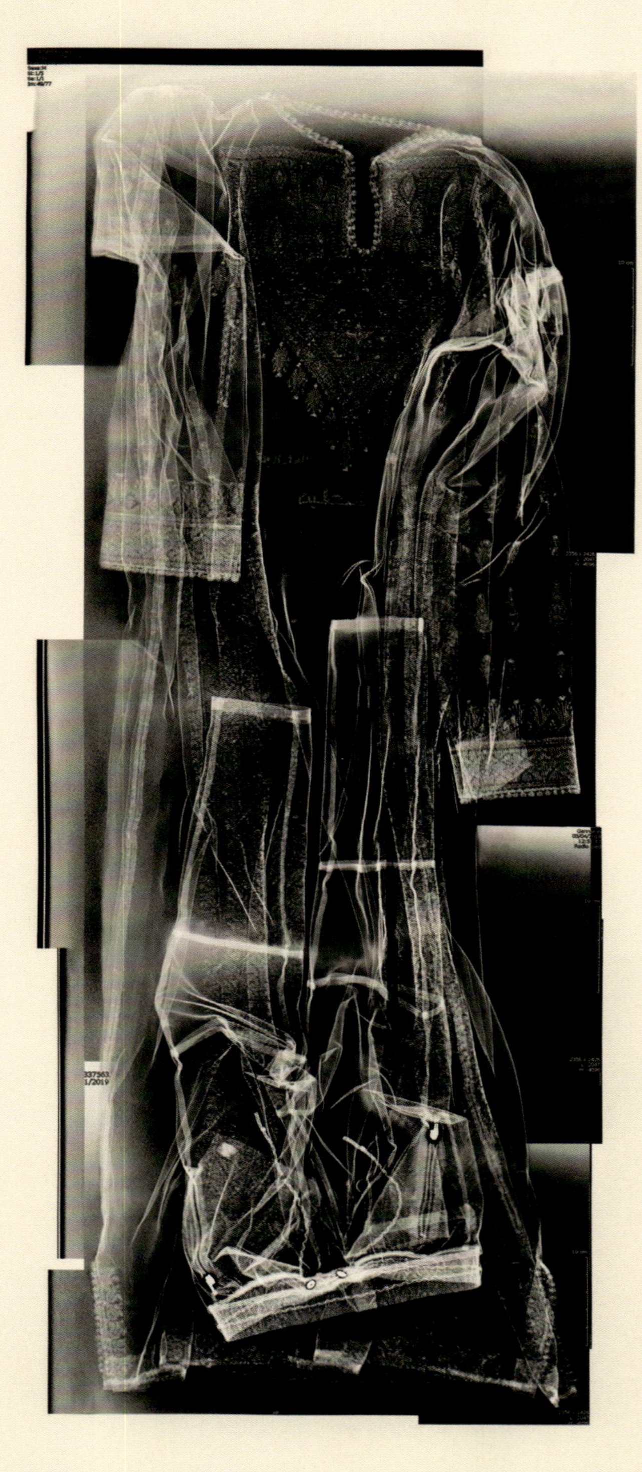

Assembled Opacity, 2022

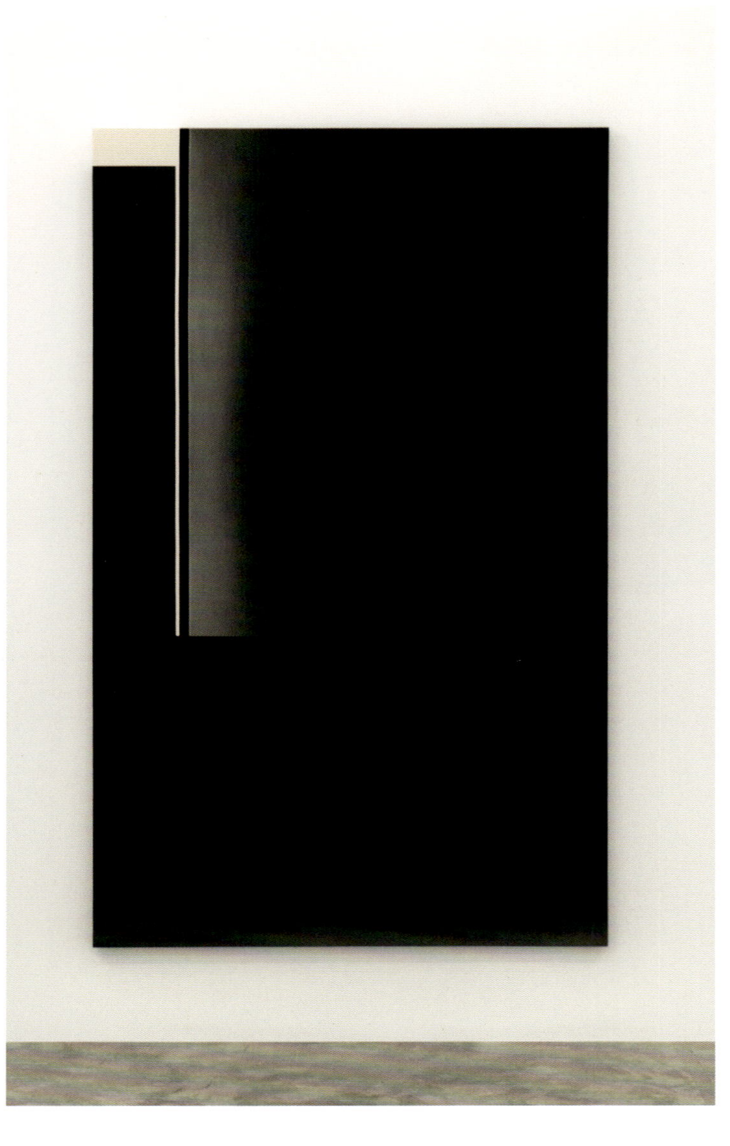

Assembled Opacity, 2022

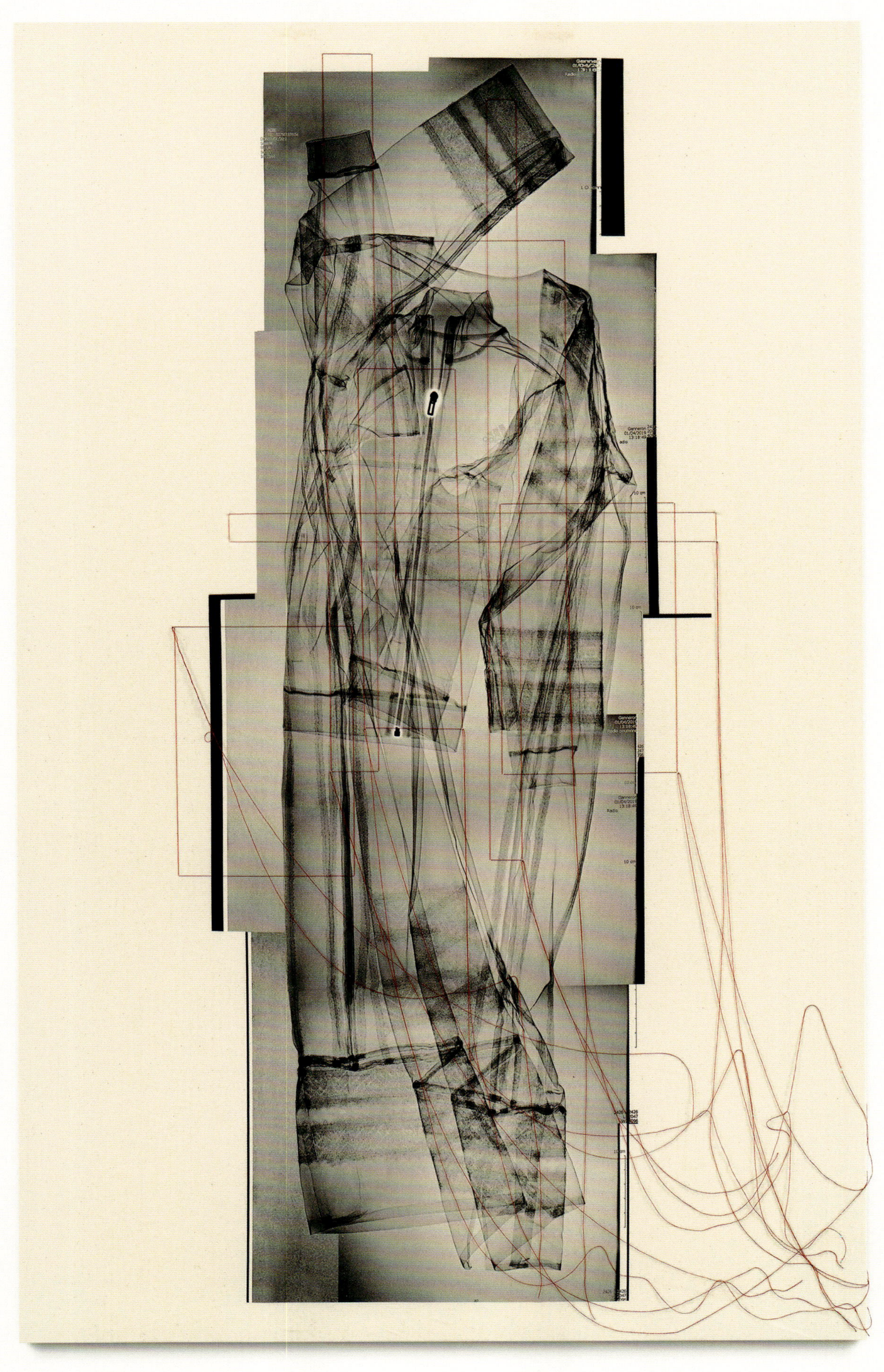

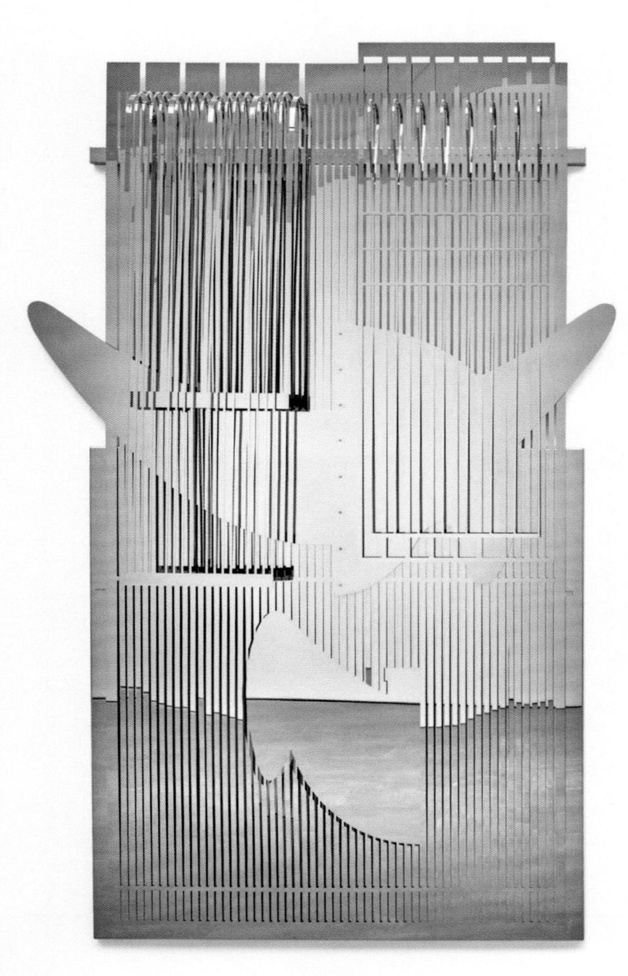

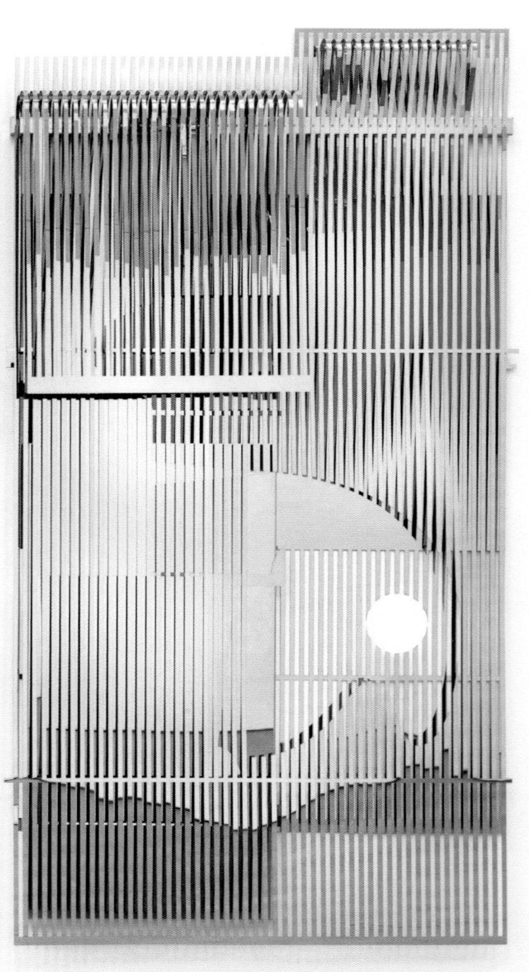

Robe, 2015

Robe, 2015

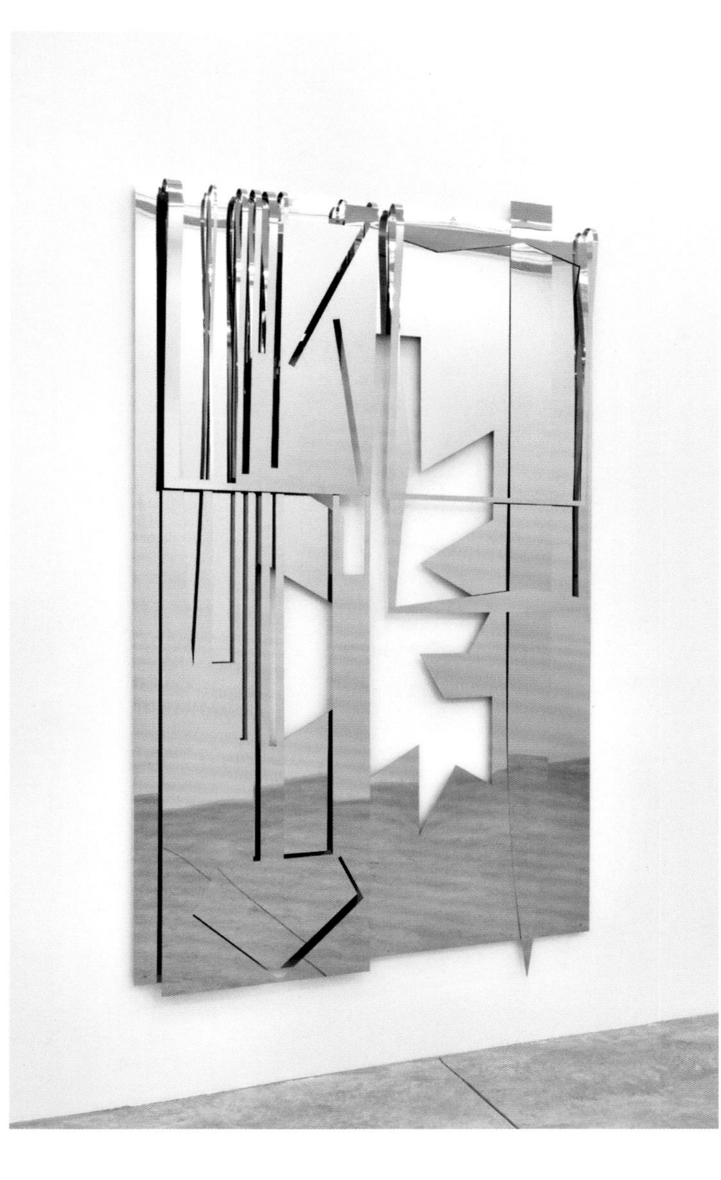

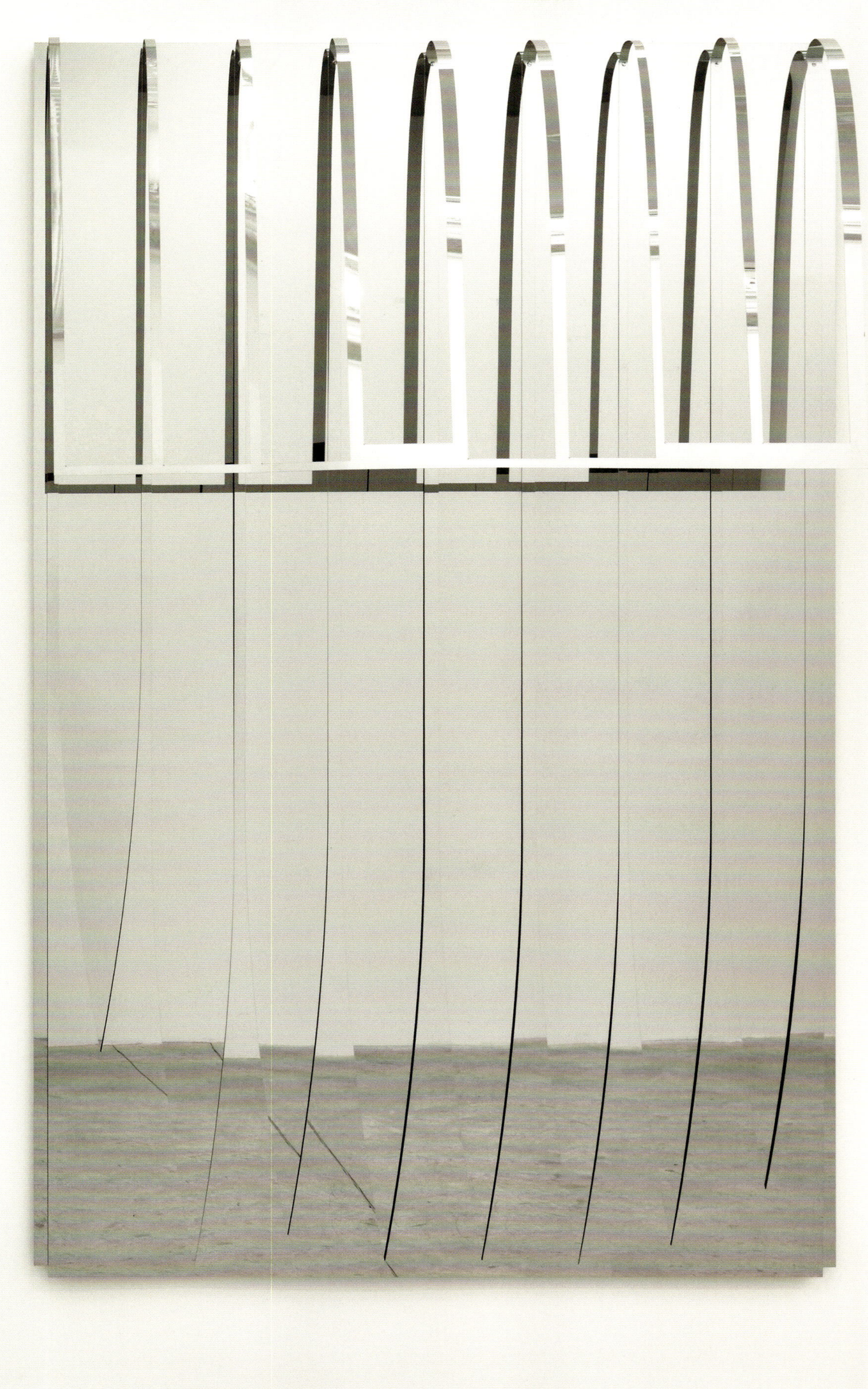

1

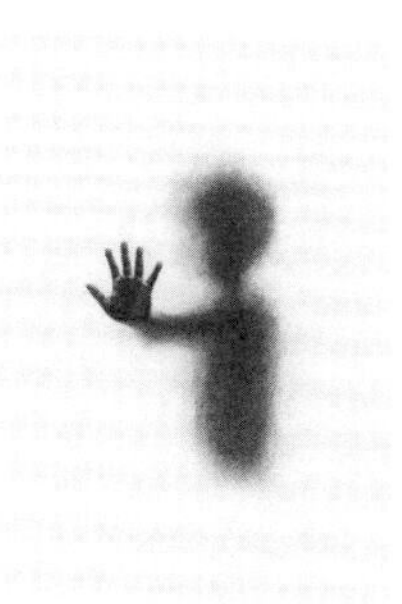

The Window, 2020
Charcoal drawing / Kolteckning,
42 × 29.7 cm
Courtesy the artist / konstnären and /
och Carré d'Art – Musée d'art
contemporain, Nîmes
Photo / Foto: Vinciane Lebrun

13

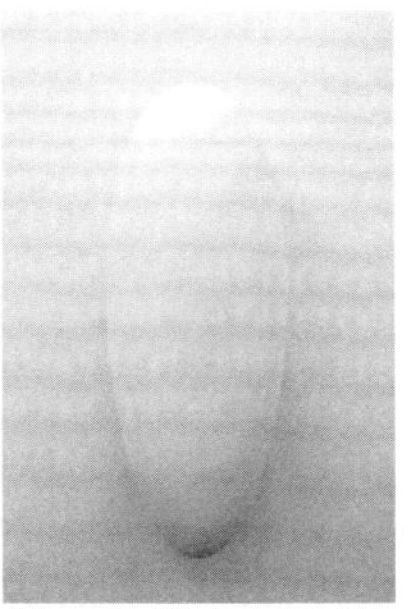

Nest, 2020
Fiberglass, resin, paint /
Fiberglas, styrenplast, färg,
270 × 100 cm
Courtesy the artist / konstnären
Photo / Foto: Vinciane Lebrun

15

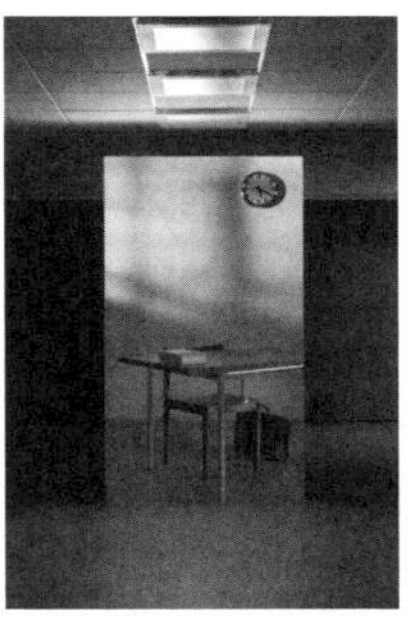

The Fall, 2020
Film, color / Film, färg, 9'42"
Courtesy the artist / konstnären and /
och Carré d'Art – Musée d'art
contemporain, Nîmes
Photo / Foto: Vinciane Lebrun

17

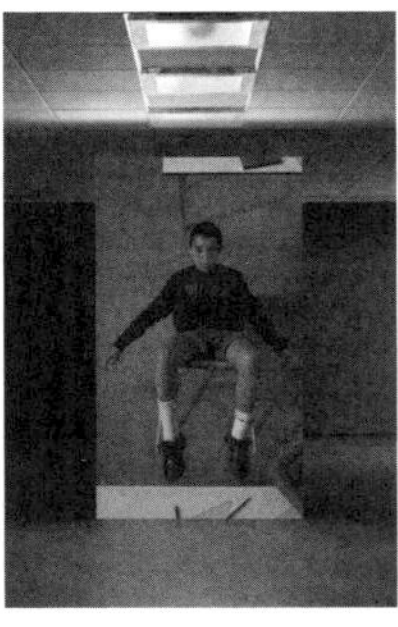

The Fall, 2020
Film, color / Film, färg, 9'42"
Courtesy the artist / konstnären and /
och Carré d'Art – Musée d'art
contemporain, Nîmes
Photo / Foto: Vinciane Lebrun

19

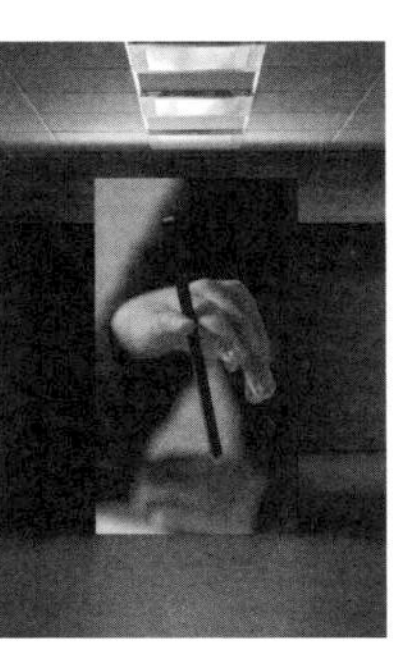

The Fall, 2020
Film, color / Film, färg, 9'42"
Courtesy the artist / konstnären and /
och Carré d'Art – Musée d'art
contemporain, Nîmes
Photo / Foto: Vinciane Lebrun

20–21

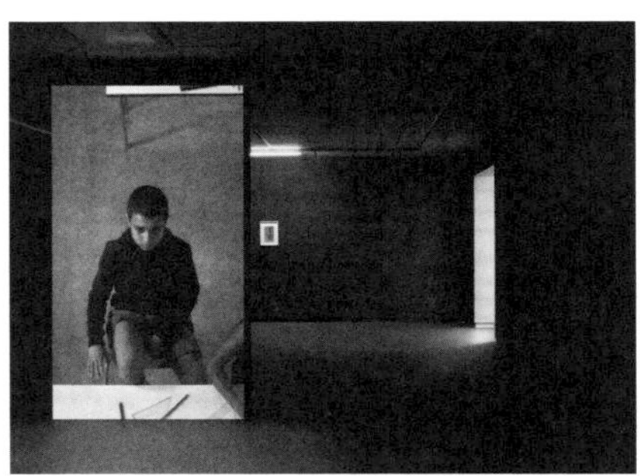

The Fall, 2020
Film, color / Film, färg, 9'42"
Courtesy the artist / konstnären and /
och Carré d'Art – Musée d'art
contemporain, Nîmes
Photo / Foto: Vinciane Lebrun

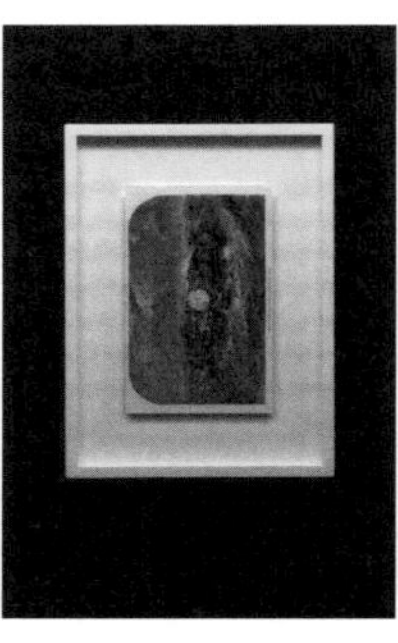

Homebound, 2020
Collage, 25.5 × 15.9 cm
Courtesy the artist / konstnären and /
och Hallands Konstmuseum
Photo / Foto: Vinciane Lebrun

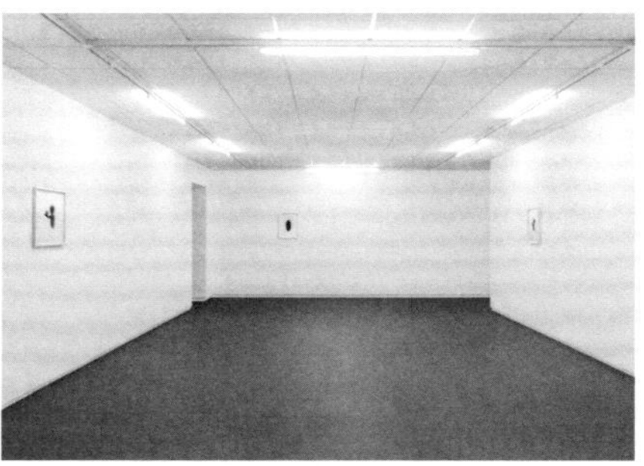

Exhibition view / Foto från utställning,
Nest, Hallands Konstmuseum,
Halmstad, 19.2–1.5.2022
Courtesy the artist / konstnären and /
och Hallands Konstmuseum
Photo / Foto: Vinciane Lebrun

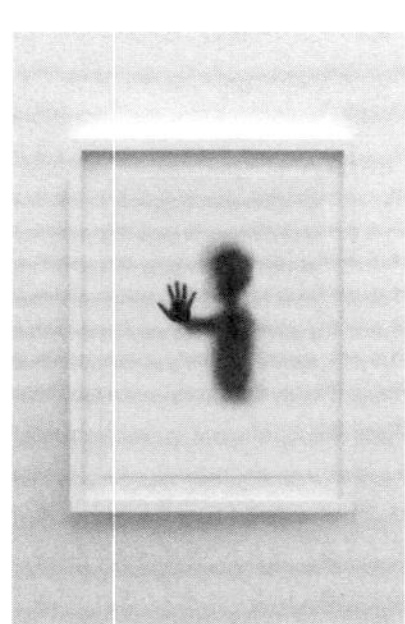

The Window, 2020
Charcoal drawing / Kolteckning,
42 × 29.7 cm
Courtesy the artist / konstnären and /
och Carré d'Art – Musée d'art
contemporain, Nîmes
Photo / Foto: Vinciane Lebrun

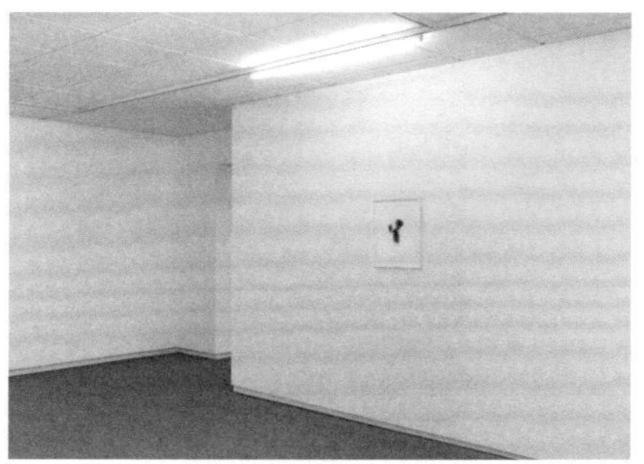

The Window, 2021
Charcoal drawing / Kolteckning,
42 × 29.7 cm
Courtesy the artist / konstnären and /
och Sfeir-Semler Gallery
Photo / Foto: Vinciane Lebrun

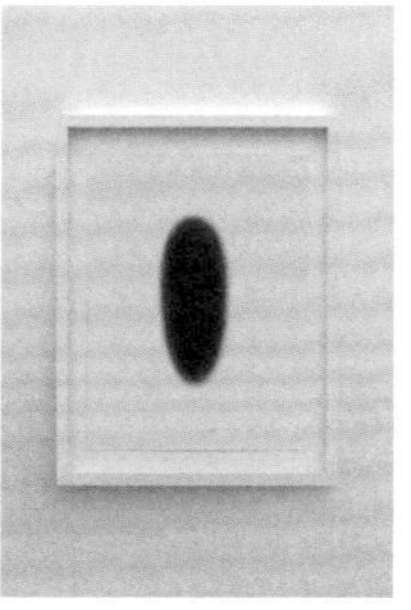

Open Window, 2022
Charcoal drawing / Kolteckning,
42 × 29.7 cm
Courtesy the artist / konstnären and /
och Sfeir-Semler Gallery
Photo / Foto: Vinciane Lebrun

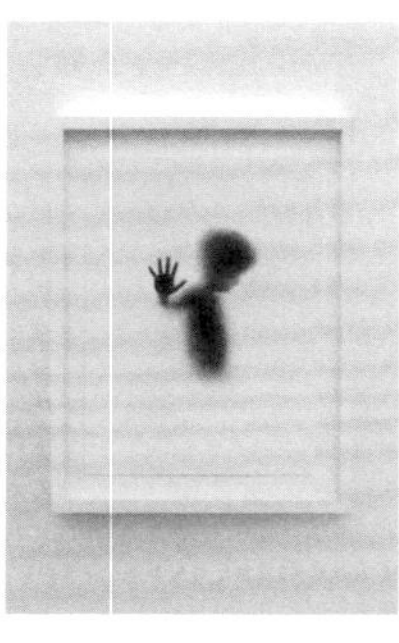

The Window, 2021
Charcoal drawing / Kolteckning,
42 × 29.7 cm
Courtesy the artist / konstnären and /
och Sfeir-Semler Gallery
Photo / Foto: Vinciane Lebrun

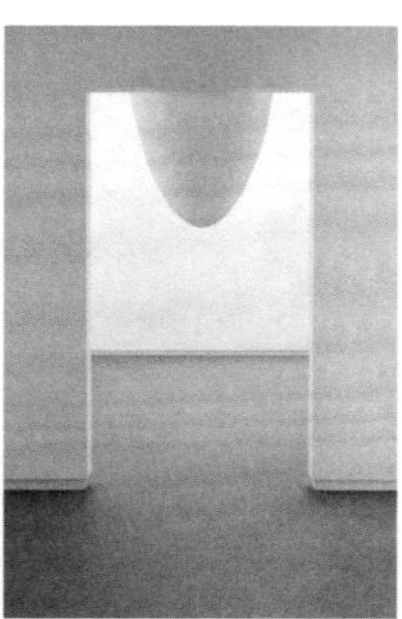

Nest, 2020
Fiberglass, resin, paint / Fiberglas,
styrenplast, färg, 270 × 100 cm
Courtesy the artist / konstnären
Photo / Foto: Vinciane Lebrun

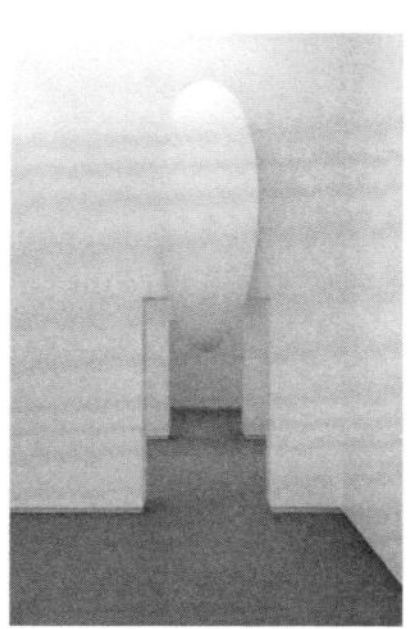

Nest, 2020
Fiberglass, resin, paint / Fiberglas,
styrenplast, färg, 270 × 100 cm
Courtesy the artist / konstnären
Photo / Foto: Vinciane Lebrun

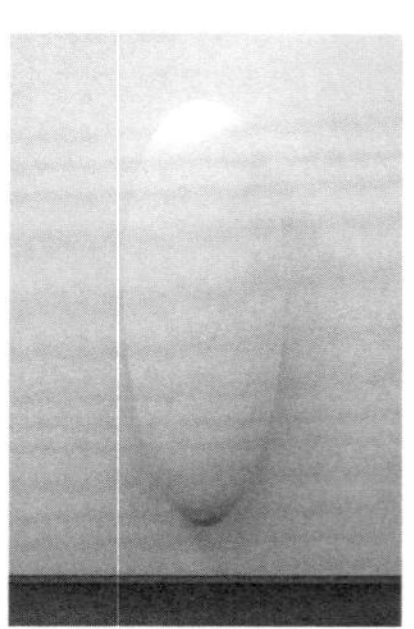

Nest, 2020
Fiberglass, resin, paint / Fiberglas,
styrenplast, färg, 270 × 100 cm
Courtesy the artist / konstnären
Photo / Foto: Vinciane Lebrun

41

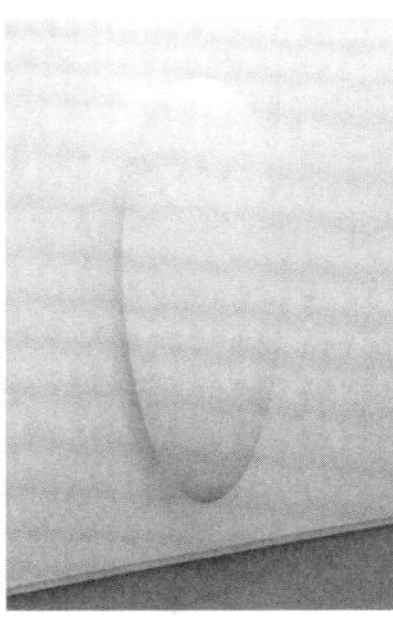

Nest, 2020
Fiberglass, resin, paint / Fiberglas,
styrenplast, färg, 270 × 100 cm
Courtesy the artist / konstnären
Photo / Foto: Vinciane Lebrun

42–43

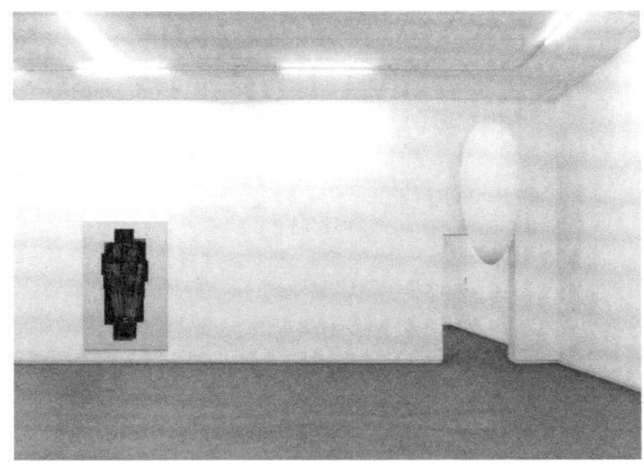

Exhibition view /Foto från utställning,
Nest, Hallands Konstmuseum,
Halmstad, 19.2–1.5.2022
Courtesy the artist / konstnären and /
och Hallands Konstmuseum
Photo / Foto: Vinciane Lebrun

45

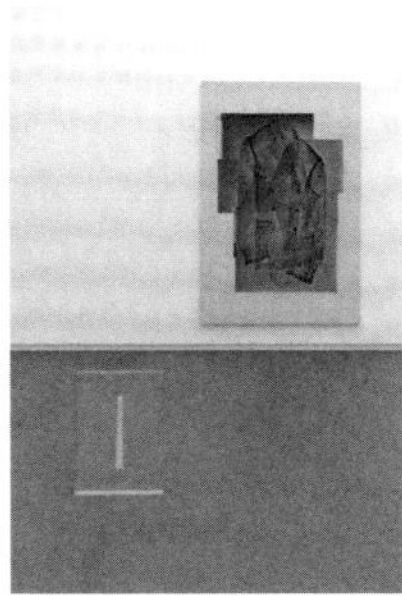

Exhibition view / Foto från utställning,
Nest, Hallands Konstmuseum,
Halmstad, 19.2–1.5.2022
Courtesy the artist / konstnären and /
och Hallands Konstmuseum
Photo / Foto: Vinciane Lebrun

47

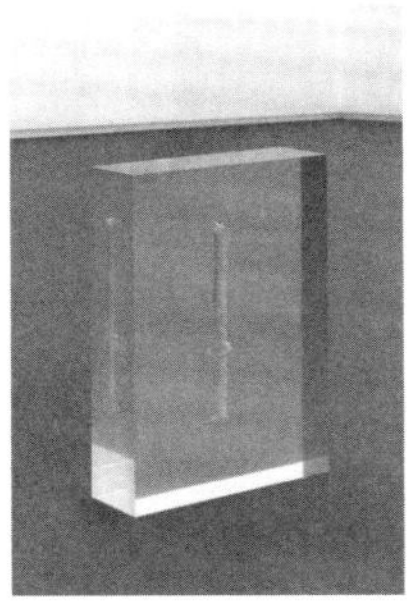

Respite, 2021
Resin cast, candle / Genomskinlig
styrenplast, ljus, 40 × 28 × 9 cm
Courtesy the artist / konstnären and /
och carlier | gebauer
Photo / Foto: Vinciane Lebrun

48–49

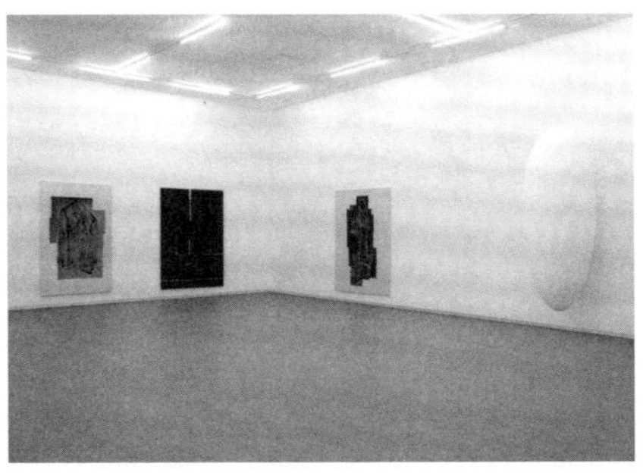

Exhibition view / Foto från utställning,
Nest, Hallands Konstmuseum,
Halmstad, 19.2–1.5.2022
Courtesy the artist / konstnären and /
och Hallands Konstmuseum
Photo / Foto: Vinciane Lebrun

51

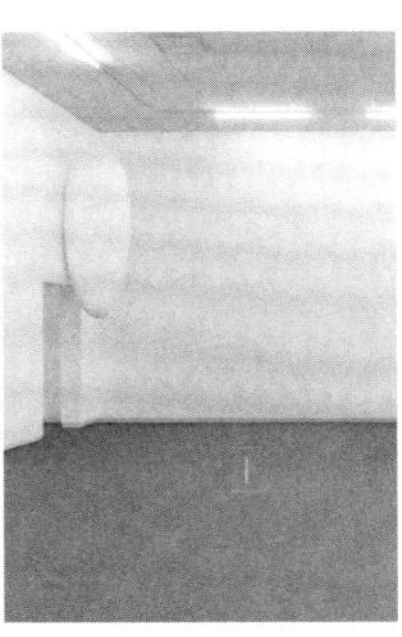

Exhibition view / Foto från utställning,
Nest, Hallands Konstmuseum,
Halmstad, 19.2–1.5.2022
Courtesy the artist / konstnären and /
och Hallands Konstmuseum
Photo / Foto: Vinciane Lebrun

53

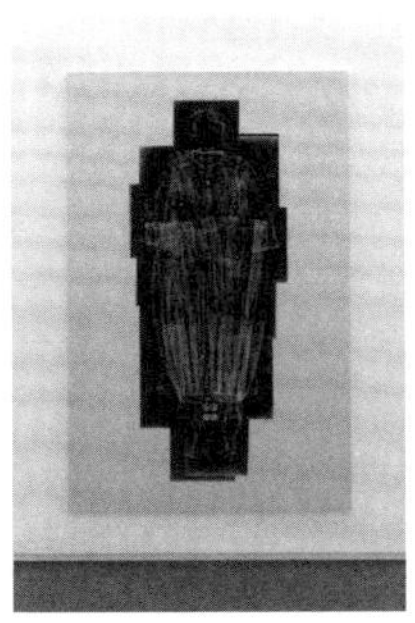

Passing Mother, 2022
Inkjet on cotton / Inkjet på bomull-
styg, 245 × 150 cm
Courtesy the artist / konstnären and /
och Hallands Konstmuseum
Photo / Foto: Vinciane Lebrun

55

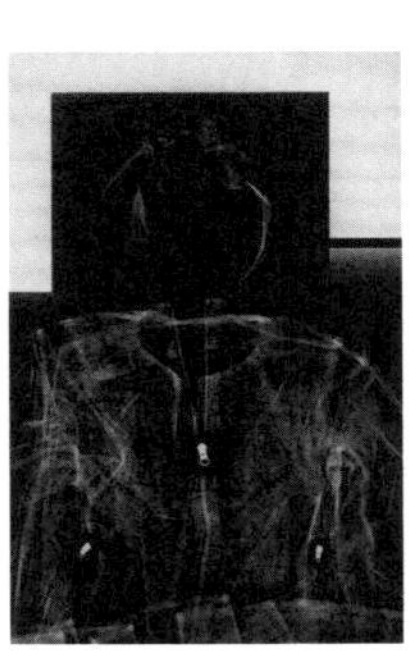

Passing Mother (detail / detalj), 2022
Inkjet on cotton / Inkjet på bomull-
styg, 245 × 150 cm
Courtesy the artist / konstnären and /
och Hallands Konstmuseum
Photo / Foto: Vinciane Lebrun

57

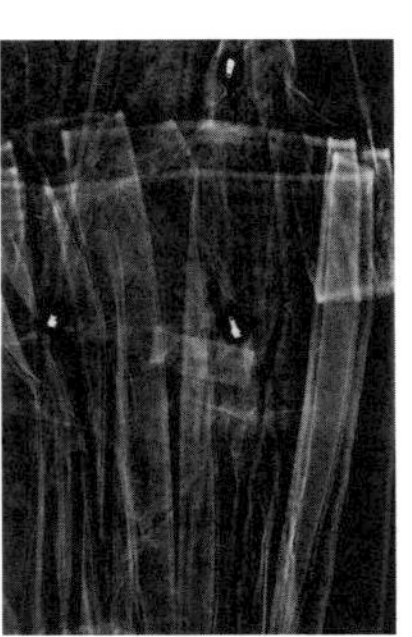

Passing Mother (detail / detalj), 2022
Inkjet on cotton / Inkjet på bomull-
styg, 245 × 150 cm
Courtesy the artist / konstnären and /
och Hallands Konstmuseum
Photo / Foto: Vinciane Lebrun

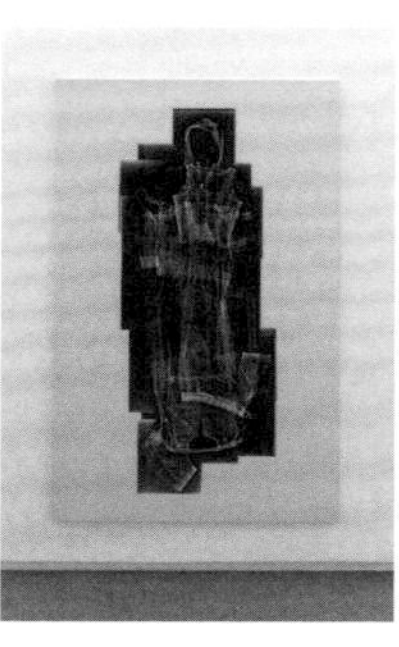

59

Passing Mother, 2022
Inkjet on cotton / Inkjet på bomullstyg,
245 × 150 cm
Courtesy the artist / konstnären and /
och Hallands Konstmuseum
Photo / Foto: Vinciane Lebrun

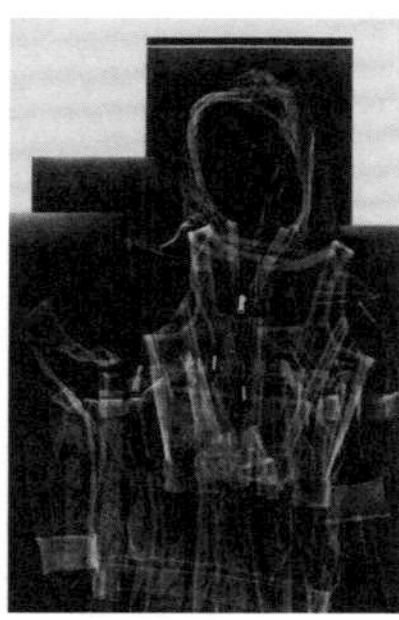

61

Passing Mother (detail / detalj), 2022
Inkjet on cotton / Inkjet på bomullstyg,
245 × 150 cm
Courtesy the artist / konstnären and /
och Hallands Konstmuseum
Photo / Foto: Vinciane Lebrun

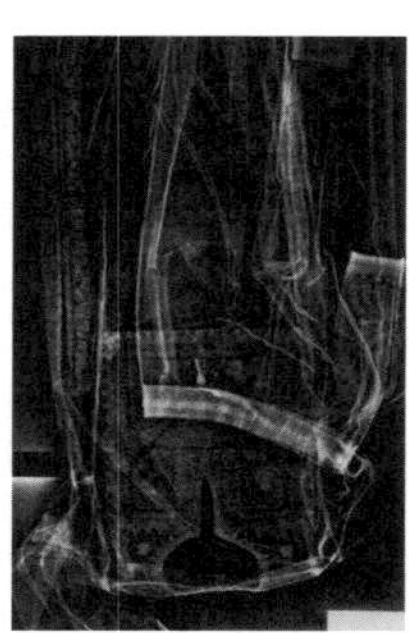

63

Passing Mother (detail / detalj), 2022
Inkjet on cotton / Inkjet på bomullstyg,
245 × 150 cm
Courtesy the artist / konstnären and /
och Hallands Konstmuseum
Photo / Foto: Vinciane Lebrun

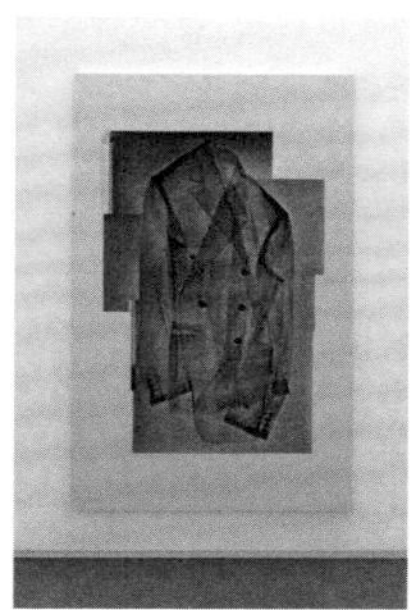

65

Grandfather's Blazer, 2021
Inkjet on cotton / Inkjet på bomullstyg,
245 × 150 cm
Courtesy the artist / konstnären
Photo / Foto: Vinciane Lebrun

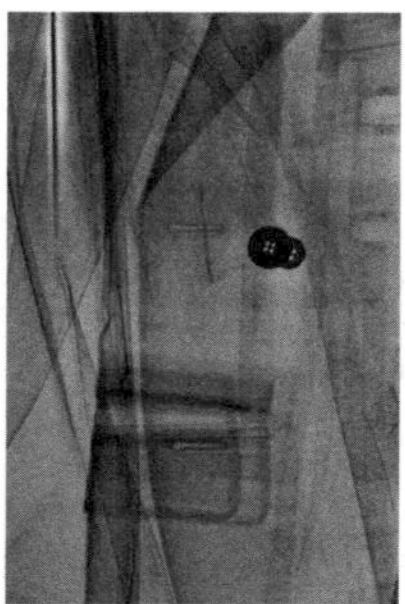

67

Grandfather's Blazer
(detail / detalj), 2021
Inkjet on cotton / Inkjet på bomullstyg,
245 × 150 cm
Courtesy the artist / konstnären
Photo / Foto: Vinciane Lebrun

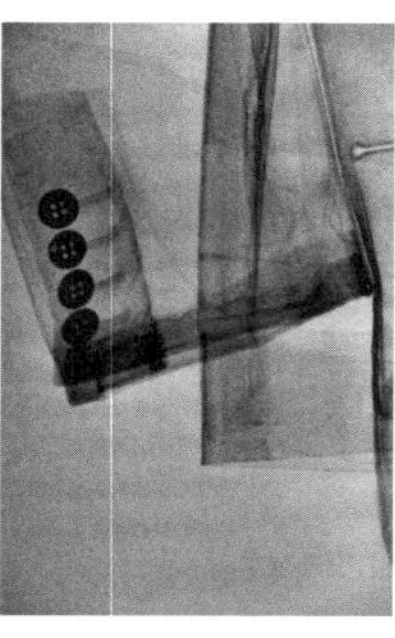

69

Grandfather's Blazer
(detail / detalj), 2021
Inkjet on cotton / Inkjet på bomullstyg,
245 × 150 cm
Courtesy the artist / konstnären
Photo / Foto: Vinciane Lebrun

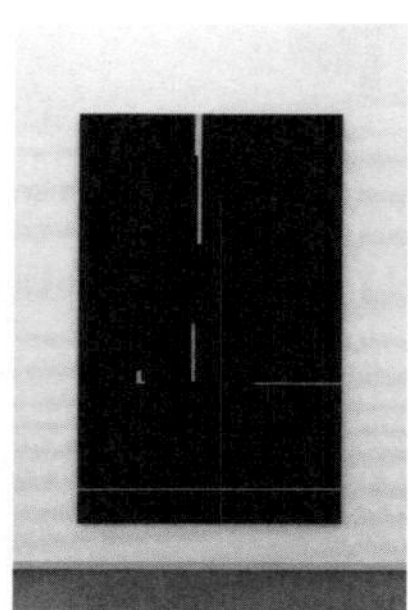

71

Assembled Opacity, 2020
Inkjet on cotton / Inkjet på bomullstyg,
245 × 150 cm
Courtesy the artist / konstnären
Photo / Foto: Vinciane Lebrun

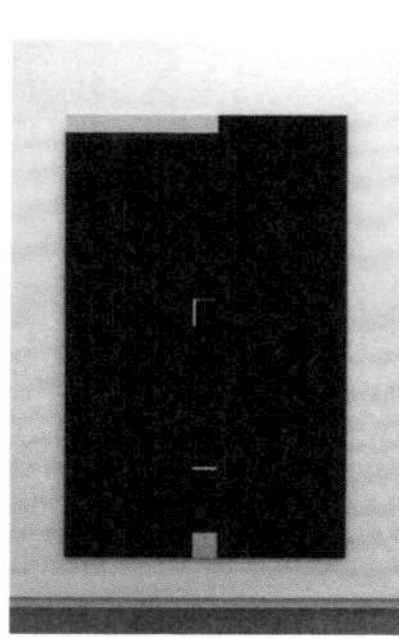

73

Assembled Opacity, 2020
Inkjet on cotton / Inkjet på bomullstyg,
245 × 150 cm
Courtesy the artist / konstnären
Photo / Foto: Vinciane Lebrun

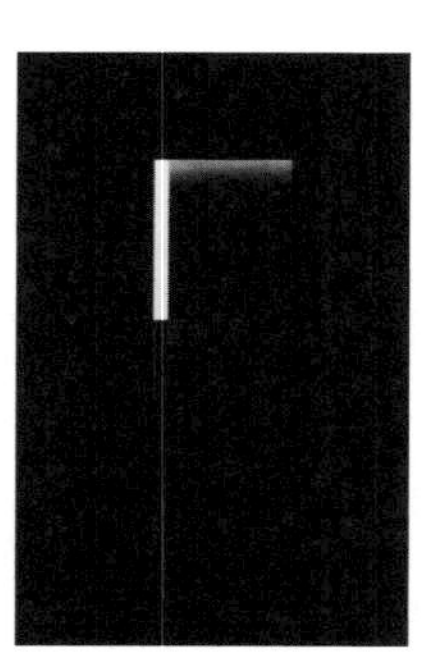

75

Assembled Opacity (detail / detalj), 2020
Inkjet on cotton / Inkjet på bomullstyg,
245 × 150 cm
Courtesy the artist / konstnären
Photo / Foto: Vinciane Lebrun

93

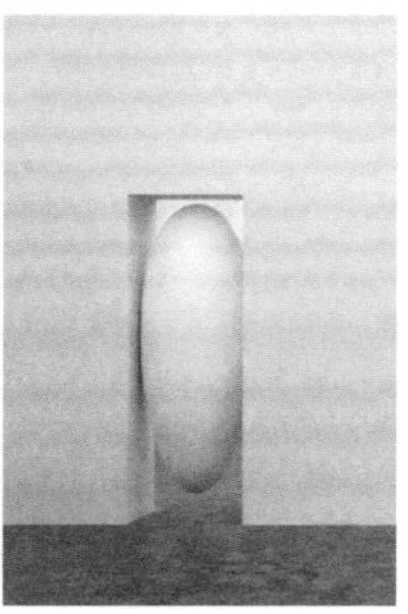

Cradle, 2022
Fiberglass, resin, paint / Fiberglas,
styrenplast, färg, 175 × 64.8 cm
Courtesy the artist / konstnären and /
och Sfeir-Semler Gallery
Photo / Foto: Walid Rashid

94–95

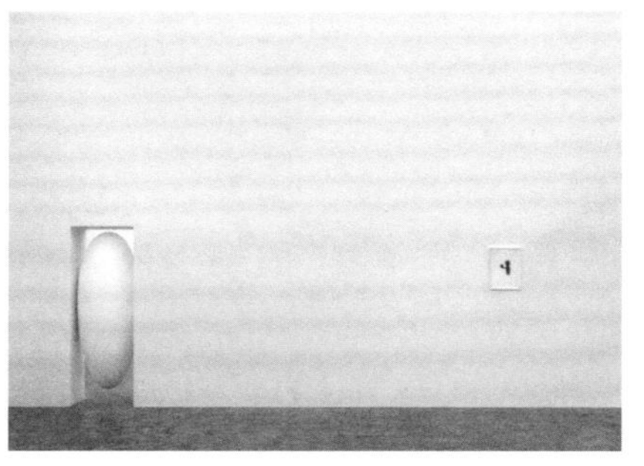

Exhibition view / Foto från utställning,
Nest, Sfeir-Semler Gallery, Beirut,
22.3–13.8.2022
Courtesy the artist / konstnären and /
och Sfeir-Semler Gallery
Photo / Foto: Walid Rashid

97

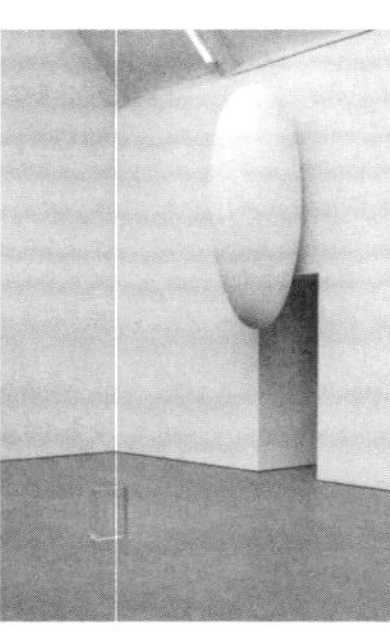

Exhibition view / Foto från utställning,
Surging, carlier | gebauer gallery,
Berlin, 30.4–12.6. 2021
Courtesy the artist / konstnären and /
och carlier | gebauer
Photo / Foto: Trevor Good

98

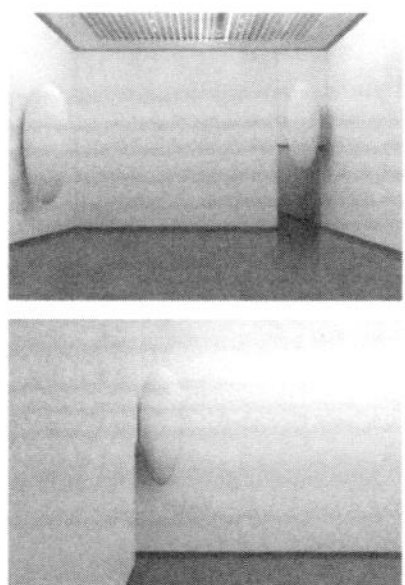

Exhibition view / Foto från utställning,
Mirrorbody, Carré d'Art – Musée d'art
contemporain, Nîmes,
30.10. 2020–24.10.2021
Courtesy the artist / konstnären and /
och Carré d'Art –
Musée d'art contemporain, Nîmes
Photo / Foto: Vinciane Lebrun

100

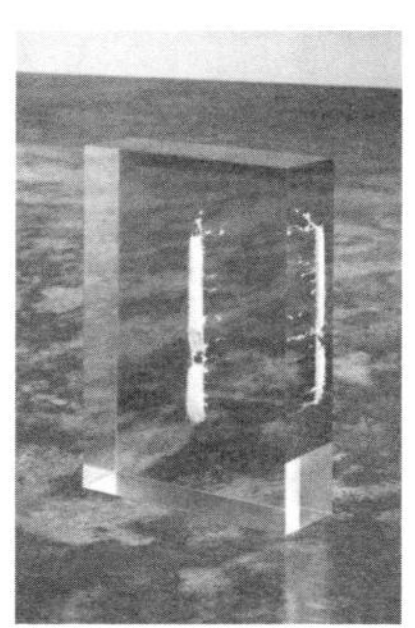

Respite, 2020
Resin cast, candle / Genomskinlig
styrenplast, ljus, 40 × 28 × 9 cm
Courtesy the artist / konstnären and /
och Sfeir-Semler Gallery
Photo / Foto: Walid Rashid

101

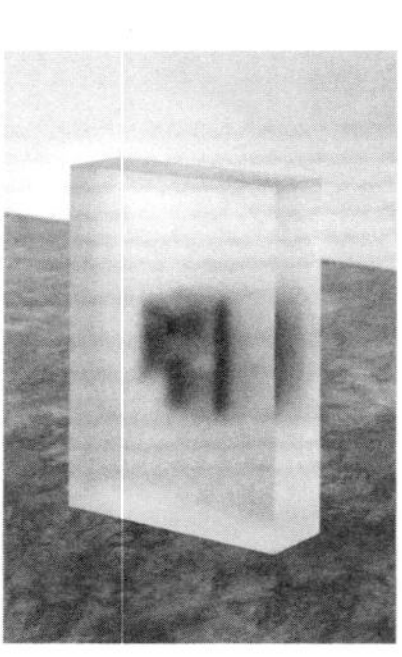

Anamnesis, 2022
Resin cast, metal / Genomskinlig
styrenplast, metall, 40 × 28 × 9 cm
Courtesy the artist / konstnären and /
och Sfeir-Semler Gallery
Photo / Foto: Walid Rashid

103

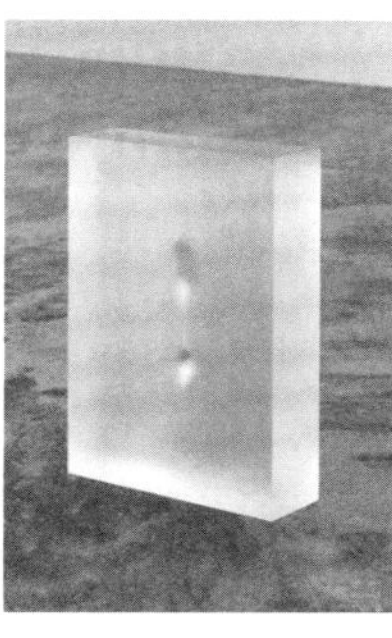

Concealed, 2020
Resin cast, fork / Genomskinlig
styrenplast, gaffel, 40 × 28 × 9 cm
Courtesy the artist / konstnären and /
och Sfeir-Semler Gallery
Photo / Foto: Walid Rashid

104–5

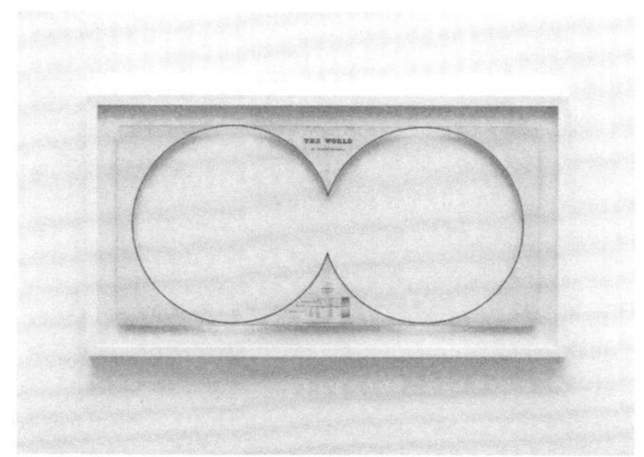

The World, 2014
Collage / Collage, 47.3 × 57 cm
Courtesy the artist / konstnären and /
och Carré d'Art – Musée d'art
contemporain, Nîmes
Photo / Foto: Rebecca Fanuele

107

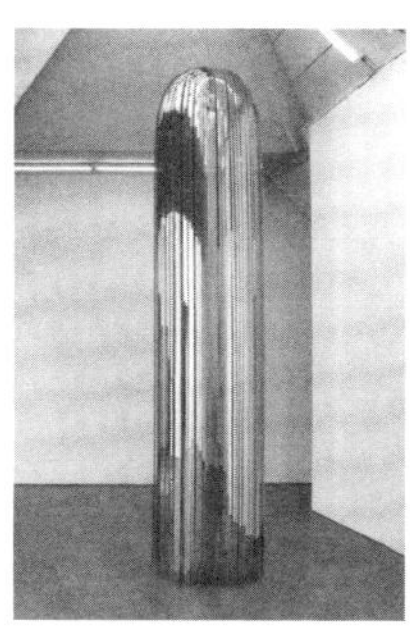

Father Form, 2017
Steel / Stål, 415 × 95 cm
Courtesy the artist / konstnären,
carlier | gebauer and / och Lafayette
Anticipations
Photo / Foto: Günther Lepkowski

108

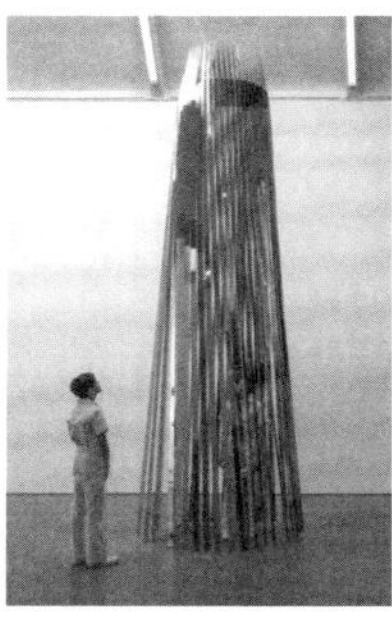

The Ear That Hears Me, 2017
Performance
Courtesy the artist / konstnären,
carlier | gebauer and / och Centre
National des Arts Plastiques
Photo / Foto: Günther Lepkowski

109

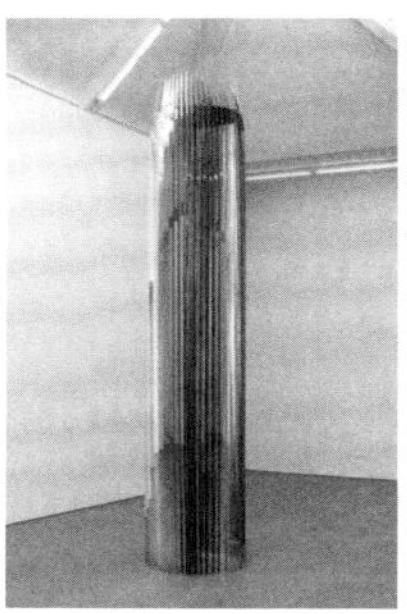

Father Form, 2017
Steel / Stål, 448 × 92 cm
Courtesy the artist / konstnären,
carlier | gebauer and / och Centre
National des Arts Plastiques
Photo / Foto: Günther Lepkowski

111

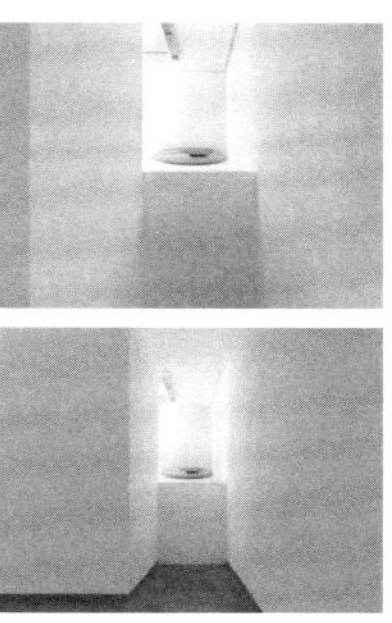

Arrival, 2020
Fiberglass, resin, chrome / Fiberglas,
styrenplast, krom
140 × 31.5 × 31.5 cm
Courtesy the artist / konstnären and /
och Carré d'Art –
Musée d'art contemporain, Nîmes
Photo / Foto: Vinciane Lebrun

112–13

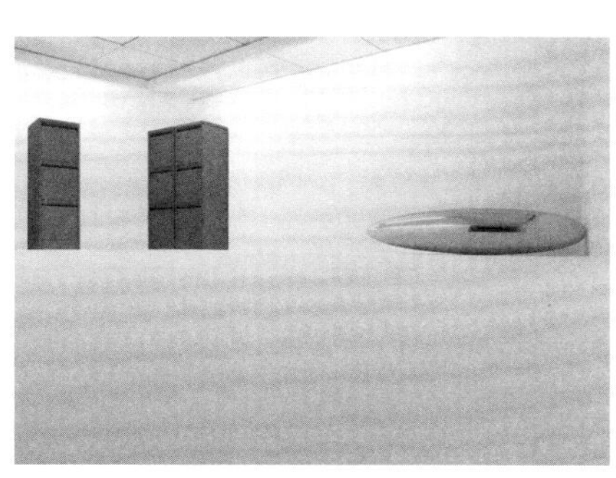

Exhibition view / Foto från utställning,
Mirrorbody, Carré d'Art – Musée d'art
contemporain, Nîmes,
30.10.2020–24.10.2021
Courtesy the artist / konstnären and /
och Carré d'Art –
Musée d'art contemporain, Nîmes
Photo / Foto: Vinciane Lebrun

115

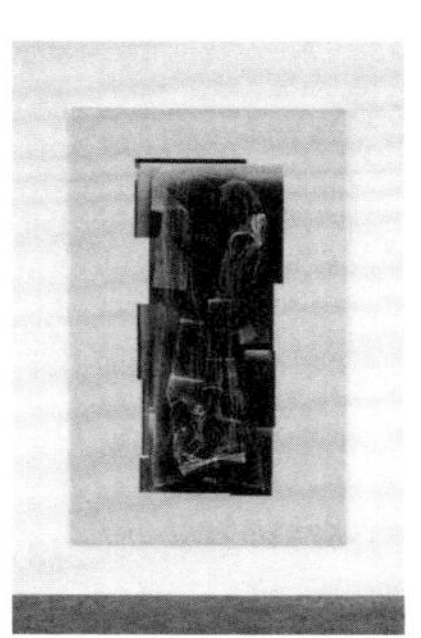

Passing, 2022
Inkjet on cotton / Inkjet på bomull-
styg, 245 × 150 cm
Courtesy the artist / konstnären and /
och Sfeir-Semler Gallery
Photo / Foto: Walid Rashid

116

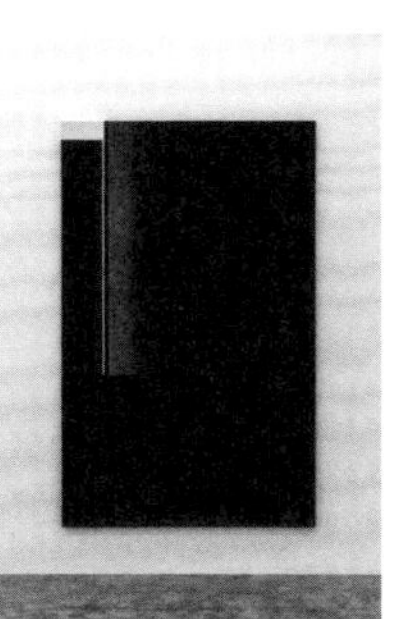

Assembled Opacity, 2022
Inkjet on cotton / Inkjet på bomull-
styg, 245 × 150 cm
Courtesy the artist / konstnären and /
och Sfeir-Semler Gallery
Photo / Foto: Walid Rashid

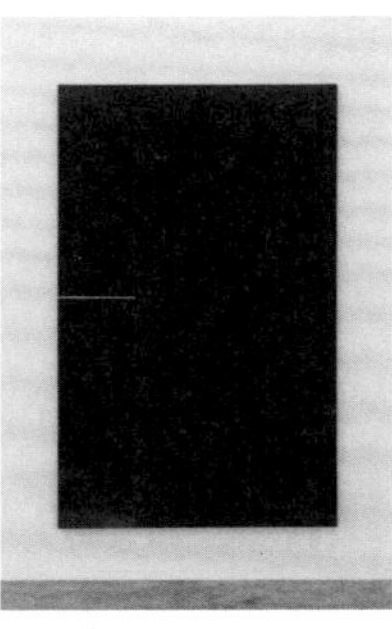

117

Assembled Opacity, 2022
Inkjet on cotton / Inkjet på bomullstyg,
245 × 150 cm
Courtesy the artist / konstnären and /
och Sfeir-Semler Gallery
Photo / Foto: Walid Rashid

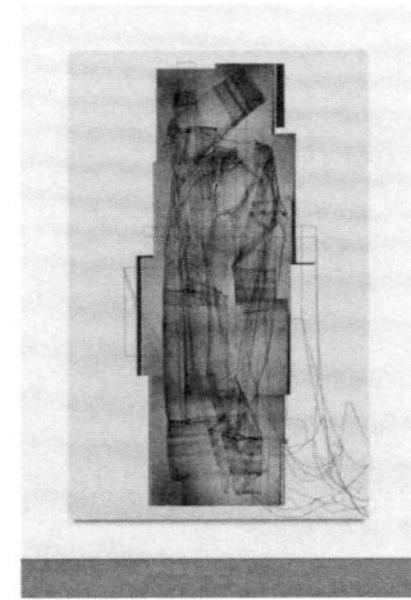

119

Passing, 2019
Inkjet on cotton / Inkjet på bomullstyg,
245 × 150 cm
Courtesy the artist / konstnären, carlier |
gebauer and / och Kadist Foundation
Photo / Foto: Travor Good

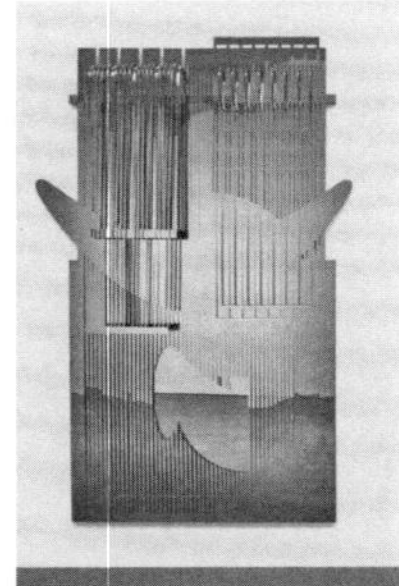

120

1951, 2016
Handwoven stainless steel / Handvävd
stål, 256 × 135 × 18 cm
Courtesy the artist / konstnären and /
och carlier | gebauer
Photo / Foto: Günther Lepkowski

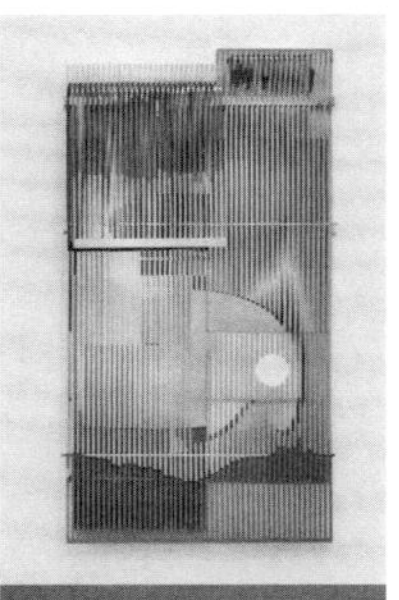

120

1917, 2016
Handwoven stainless steel / Handvävd
stål, 265 × 144 × 18 cm
Courtesy the artist / konstnären and /
och carlier | gebauer
Photo / Foto: Günther Lepkowski

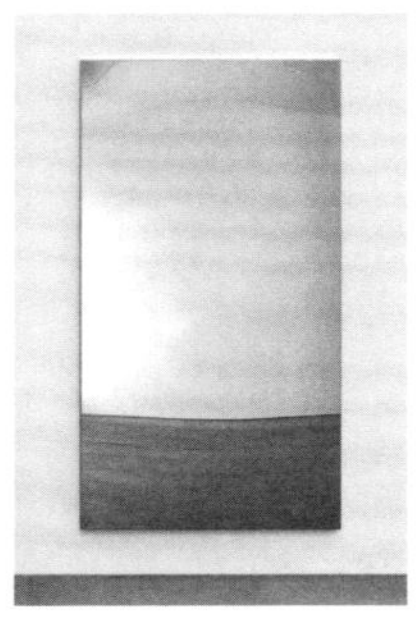

121

Contact Sheet, 2016
Inox / Stål, 250 × 135 × 3 cm
Courtesy the artist / konstnären and /
och carlier | gebauer
Photo / Foto: Günther Lepkowski

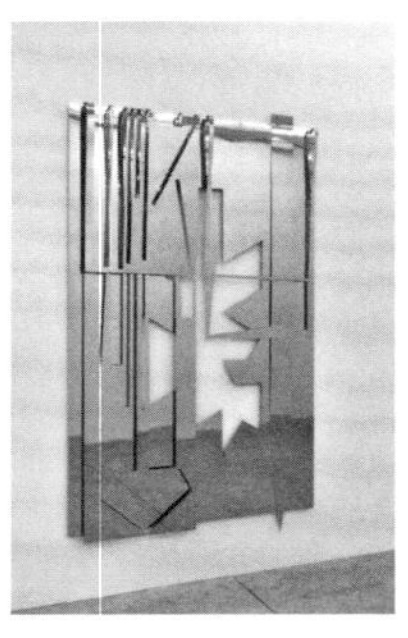

122

Robe, 2015
Stainless steel / Stål, 230 × 145 cm
Courtesy the artist / konstnären and /
och Almine Rech
Photo / Foto: Rebecca Fanuele

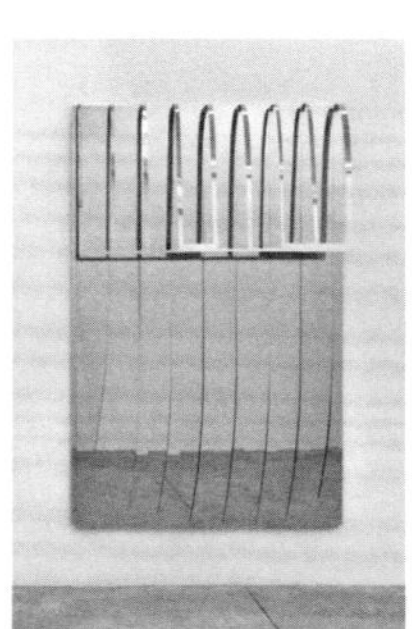

123

Robe, 2015
Stainless steel / Stål, 230 × 145 cm
Courtesy the artist / konstnären and /
och Almine Rech
Photo / Foto: Rebecca Fanuele

Tarik Kiswanson
Nest
19.2–1.5.2022

Hallands Konstmuseum
Tollsgatan 2
302 32 Halmstad
Sweden
+ 46 35 16 23 00
hallandskonstmuseum.se

Curated by / Curaterad av
Annelie Tuveros
Magnus Jensner

Technical staff / Teknisk personal
Ulf Karlsson
Stefan Kejlberg
Robert Twamley

Registrar / Registrator
Petra Eriksson

Public programs / Besöksprogram
Lotta Sandberg
Mia Lachmann

*Marketing web and communication /
Marknadsföring, web och
kommunikation*
Mia Lachmann
Maria Bonde

Supported by / Med stöd av
The Barbro Osher Pro Suecia
Foundation

All works by / Alla verk av
Tarik Kiswanson
Courtesy Tarik Kiswanson Studio

*Hallands Konstmuseum would
like to thank / Hallands
Konstmuseum vill gärna tacka*
Region Halland, Kulturrådet
The Barbro Osher Suecia
Foundation
Stiftelsen Längmanska
kulturfonden

*The artist would like to thank /
Konstnären vill särskilt tacka*
Magnus Jensner and Annelie
Tuveros and the whole team at
Hallands Konstmuseum for
their work and support during
the preparation and installation
of the exhibition. Special thanks
to Sara Arrhenius for her essay,
to Micola Clara Brambilla and
Massimiliano Pace for their excel-
lent work on this catalogue.
I also want to thank my mother,
Hanan Kiswanson, whose old tradi-
tional garments taken with her
into exile were borrowed to pro-
duce new works specifically for
this exhibition. And to my father,
Ziad Kiswanson, whose trajectory
to Halmstad in 1971 changed
our lives forever.

Magnus Jensner och Annelie Tuveros
och hela personalen på Hallands
Konstmuseum för deras arbete och
stöd med förberedelser och instal-
lation av utställningen. Ett särskilt
tack till Sara Arrhenius för hennes
text, och Micola Clara Brambilla
och Massimiliano Pace för deras
utmärkta arbete med denna katalog.
Jag vill också tacka min mamma
Hanan Kiswanson. Hennes gamla,
traditionella klädesplagg, som
hon tog med sig i exil, lånades för
att producera nya verk specifikt
för denna utställning. Och till min
pappa, Ziad Kiswanson, vars livs-
bana ledde till Halmstad 1971 och
förändrade våra liv för alltid.

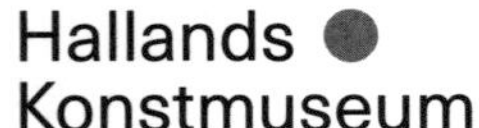
Hallands
Konstmuseum